廉镜漫笔

——十八大以来党风廉政建设漫画解读

赵青云 著

人民出版社

出 版 说 明

党的十八大以来，习近平总书记围绕改革发展稳定、内政外交国防、治党治国治军等发表了一系列重要讲话，形成一系列治国理政新理念新思想新战略，为新时期推进党和国家事业发展提供了科学理论指导和行动指南。如何引导党员干部深入领会习近平总书记系列重要讲话的丰富内涵和核心要义；如何创新宣传习近平总书记系列重要讲话的形式，通过广大干部群众喜闻乐见的形式把党中央的路线方针政策准确传达给广大干部群众，为此，我们尝试选择漫画这种艺术形式和表现手法。

本书有以下几个特点：第一，服务的导向。习近平总书记关于党风廉政建设和反腐败斗争系列重要讲话就是贯穿这组廉政漫画的灵魂和红线。作者尝试运用漫画的形式系统解读总书记系列重要讲话，因为任何有生命力的艺术作品都是服务于党中央现阶段的政治导向、反映时代精神、表达人民心声的作品。第二，创新的理念。艺术创作的生命力在于创新，作者在继承和发扬传统的绘画、篆刻手法的基础上，把创新体现到作品的方方面面，无论是漫画创意、笔法应用、色彩布局、篆刻搭配，都出自原创，并反复推敲，数十易其稿，力求精益求精。第三，基层的角度。努力使文化服务于政治、艺术服务于社会，并做到贴近实际、贴近生活、贴近群众。为提高作品的亲和力，达到更佳的感染力，始终坚持从基层的视角出发，努力贴近群众。作品的创意均取材于群众身边的案例、常见的事物、熟知的形象，以一画一评的形式系统解读习近平总书记关于党风廉政建设和反腐败斗争系列重要讲话的要点，从小处见大义，寓教育于娱乐，让群众喜欢看、易接受、有感触，使其更贴近基层的心声，更容易让群众接受。

总之，本书紧紧围绕党的十八大以来习近平总书记关于党风廉政建设和反腐败斗争系列重要讲话精神，以图文并茂、生动形象、发人深省的漫画形式，独辟蹊径，立意高远，寓教于乐，以小见大，引导党员干部群众深刻把握精神实质，牢固树立政治意识、大局意识、核心意识、看齐意识，旨在以画促学、以画促思、以画促行。本书具有较强的政治性和艺术性，是"两学一做"学习教育中值得党员深入学习和广泛借鉴的创新读本。

人民出版社

二〇一七年八月

目　录

政治纪律

重拳出击

猛药去疴、重典治乱，凡腐必反；
踏石留印、抓铁有痕，凡治必严。

重拳出击

党风如何，关系党的面貌、党的形象，关系党心民心。切实解决党风上的突出问题，是全党和全国人民的热切期盼。习近平总书记强调，作风是否确实好转，要以人民满意为标准。要以踏石留印、抓铁有痕的劲头抓下去，善始善终、善做善成，防止虎头蛇尾，让全党全体人民来监督，让人民群众不断看到实实在在的成效和变化。要以猛药去疴、重典治乱的决心，以刮骨疗毒、壮士断腕的勇气，坚决把党风廉政建设和反腐败斗争进行到底。这些指示要求都彰显了中央反腐的决心和勇气。

腐败是社会毒瘤，也是侵蚀我们党的健康肌体的心腹之患。党的十八大以来，中央以"零容忍"的态度重拳反腐。坚持"老虎"、"苍蝇"一起打，坚决查处周永康、薄熙来、徐才厚、郭伯雄、令计划等严重违纪违法案件，深入推进反腐败斗争，下大气力拔"烂树"、治"病树"、正"歪树"，保持惩治腐败的高压态势，真正做到了有腐必反、除恶务尽。

铲干净

从严治党在路上，反腐之势不可挡。

正风肃纪清政治，铲除魑魅与魍魉。

铲干净

党的十八大以来，我们党着眼于新的形势任务，把全面从严治党纳入"四个全面"战略布局，把党风廉政建设和反腐败斗争作为全面从严治党的重要内容，正风肃纪，反腐惩恶，着力构建不敢腐、不能腐、不想腐的体制机制。以习近平总书记为核心的党中央，是这么说的，更是这么做的。

重拳出击、势不可挡。短短几年，密集出台越来越多的廉政新规，直指各类腐败现象。在反腐倡廉这辆大铲车下，魑魅魍魉原形毕露、无处藏身。上百只"老虎"应声落马，无数"苍蝇"被消灭。所有这些，带给公众极大震撼，也收获民意的普遍支持，让群众看到了中央反腐的决心。让老百姓坚信，党和政府同人民群众，在反腐这个问题上态度是一致的。

反腐倡廉、从严治党，必须始终保持高压态势，使反腐惩恶的"利剑"越磨越亮。狠打"老虎"的同时，抓大不放小，着力解决损害群众利益的突出问题，不断打造不敢腐、不能腐、不想腐的体制机制，营造出风清气正的政治生态。

照拔不误

懒政庸政亦是腐，三严三实把根除。
当官不为民做主，让你回家卖红薯。

照拔不误

"为官不为"就像一枚长满倒刺的锈钉,死死地钉在一块好木头上。为了清除这个流弊,党中央适时提出了"三严三实"良策,依此认真践行,即使是再顽固的钉子,也可照拔不误。当前,作风建设抓得紧了,一些干部觉得不适应、不自在、不自由了。一些"不想为、不愿为、不敢为"的软抵制现象开始出现,一些"廉而不勤"、"严而不为"的现象慢慢滋长,作风问题又冒出了新的弊病。

习近平总书记明确指出,各级干部特别是领导干部要按照"三严三实"要求,深学、细照、笃行焦裕禄精神,努力做焦裕禄式的好干部。各级党组织要旗帜鲜明肯定表彰锐意进取的干部,教育帮助"为官不为"的干部,支持和鼓励干部一心为公、兢兢业业、敢于担当。

为官不为,是一种懒政,是一种渎职,也是另一种腐败。因此,落实好"三严三实"就显得十分必要。做到"严以修身",就不会因为怕出事而不干事,更不会因为干了事而惹事;做到"严以用权",就不会把手中的权力只服务于自己的亲朋好友,也不会遇到困难和矛盾就躲着、避着;做到"严以律己",就不会事到临头怕担当,更不会去做违法、违纪、违规的事。

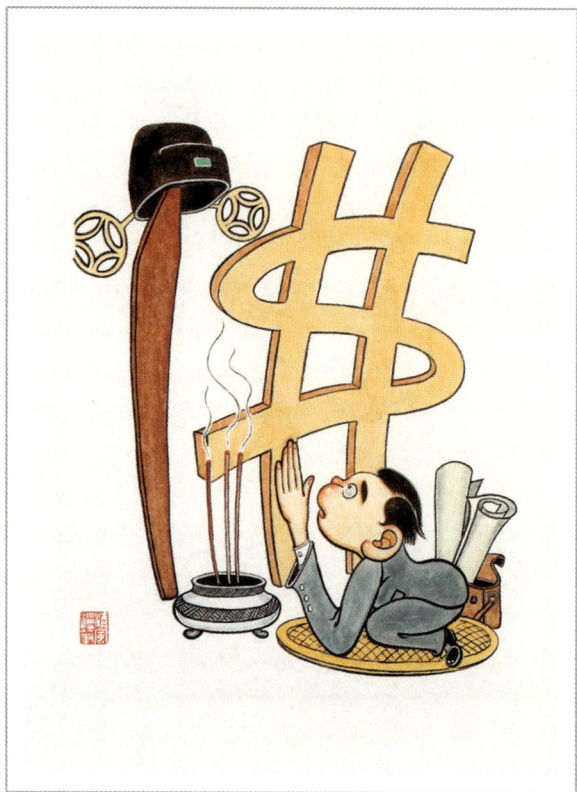

求

一心求佛，无心工作。

求佛发财多，求佛保官做。

佛若是灵验，必定囚了你再说。

求

理想丧失、观念裂变、信念畸形，这样的干部在现实中并不少见。于是政治上变质、经济上贪婪、道德上堕落、生活上腐化便成了必经之路。所谓心中有鬼，方求解脱。干了坏事又怕暴露，难道通过求神拜佛，就能填补精神空虚？或问，佛能帮你升官发财吗？

早在十八届中央政治局第一次集体学习时，习近平总书记就明确指出："理想信念就是共产党人精神上的'钙'，没有理想信念，理想信念不坚定，精神上就会'缺钙'，就会得'软骨病'。"

党员领导干部一旦患上"软骨病"，思想懈怠、信仰迷茫，甚至不信马列信鬼神、不问苍生问鬼神。他们对名利得失不能坦然面对，对各种诱惑不能自觉抵御；把追名逐利、仕途升迁，把贪污受贿、收敛财物，当作人生最主要的追求。

理想的滑坡是最致命的滑坡，信念的动摇是最危险的动摇。"为官者不可一日苟且。"坚定的理想信念来自坚强的党性，党性强则骨气硬，正气足则精神振。党员干部应做到坚定理想信念、密切联系群众、崇尚科学文化、廉洁自律奉公，以正能量营造清风正气，以真抓实干赢得百姓口碑。

避难符

妄为索得财万贯，求张灵符保心安。
白日做梦自悠然，通身内外已糜烂。

避难符

一段时间以来，政治生态遭受污染，一些领导干部政治信仰迷失，不敬苍生敬鬼神。习近平总书记在第十八届中央纪律检查委员会第六次全体会议上曾批评："有的公开场合要党员、干部坚定理想信念，背地里自己不敬苍生敬鬼神，笃信风水、迷信'大师'；有的口头上表态坚定不移反腐败，背地里对涉及领导干部的问题线索不追问、不报告"。

干部心中有"鬼"，源于精神"缺钙"。一些干部一味追求升官发财，认为必须依靠上天的眷顾；一些官员手脚不干净，做了亏心事怕东窗事发，于是求助于迷信的精神慰藉。不管是求风水改变官运，还是贪腐后烧香寻求安慰，都是忘记了"我是谁"，搞不清"依靠谁"，迷失于"为了谁"，是精神上的迷失和行为上的堕落。要祛除迷信思想的"雾霾"，唯有正本清源。与其敬鬼神，不如敬苍生；与其求风水，不如谋实事；与其问签卦，不如修官德。广大党员干部须自觉加强党性修养锤炼，早日补足精神之"钙"，以务实、清廉、担当的新形象赢得群众信任。

正衣冠

一身正装，公仆模样。

内心深藏，特权思想。

瞒人欺己，此路不长。

照清问题，正好衣冠。

正衣冠

在党的群众路线教育实践活动时，对于领导干部"照镜子、正衣冠、洗洗澡、治治病"，习近平总书记有过详细说明："照镜子，主要是以党章为镜，对照党的纪律、群众期盼、先进典型，对照改进作风要求，在宗旨意识、工作作风、廉洁自律上摆问题、找差距、明方向。正衣冠，主要是按照为民务实清廉的要求，勇于正视缺点和不足，严明党的纪律特别是政治纪律，敢于触及思想、正视矛盾和问题，从自己做起，从现在改起，端正行为"。

照镜子，不仅要照出表面上的杂乱，更要照出内心的错乱。现实中有些官员，看上去衣冠已正，其实内心深处还想着蟒袍加身，想着如何享受特权待遇。这种想法，破坏公平正义，诱发腐败，如果任其泛滥，必将贻害无穷。

因此，领导干部正好衣冠，关键还是要正好思想上的衣冠，只有按照总书记所言，"自觉把党性修养正一正、把党员义务理一理、把党纪国法紧一紧"，才能保持共产党人良好形象。

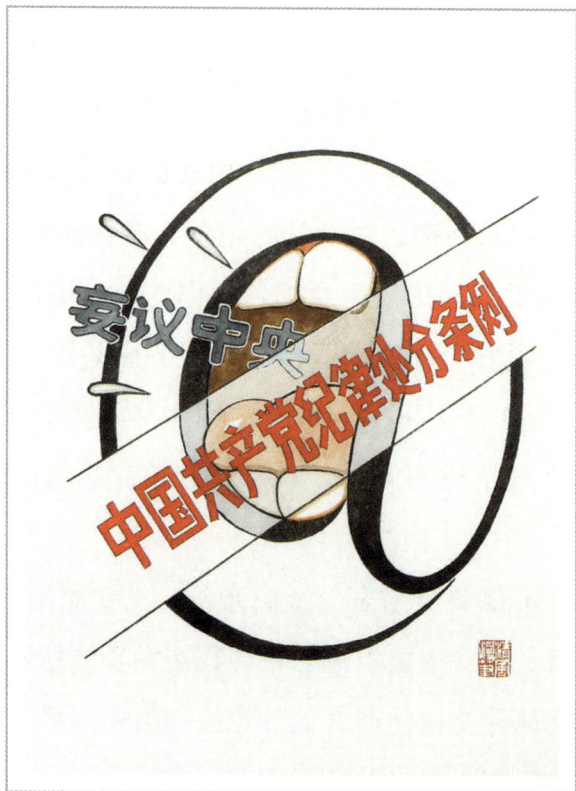

@

无风偏掀三尺浪，妄议诽谤毒心肠。

网络不是法外地，严规严纪莫猖狂。

@

"在一些干部中，乱评乱议、口无遮拦现象比较突出。如果造谣生事那是违反党纪甚至违反国法，但这些人就是在那儿调侃，传播小道消息，东家长西家短乱发议论，热衷于转发网上不良信息，甚至一些所谓'铁杆朋友'聚在一起妄议中央大政方针。"这是习近平总书记在第十八届中央纪律检查委员会第五次全体会议上所指出的一种现象，值得广大党员干部引以为戒。

党的重大方针政策之形成，都经过了正式程序和必要环节，它凝聚了全党的集体智慧。在方针政策形成的过程中，中央都要反复向党内广泛征求意见。因此，每一名党员都有坚决执行的义务。如果党员可以任意公开反对党的正式决定，这个党就将成为一盘散沙。

党内有多重渠道可输送不同声音，如通过党内民主生活会，表达意见，提出建议，或实名写信反映情况等，但倘若置《中国共产党纪律处分条例》于不顾，一味借助信息网络或其他媒介及讲座、报告会等方式，妄议党的大政方针，其政治破坏力是不言而喻的，必须依规严惩。

无处可逃

贪腐不归路，外逃非坦途。
从来丧家犬，无一有归处。

无处可逃

"能捞就捞，能跑就跑"，这是那些外逃贪官的"春秋大梦"，那些饱载赃款的官员，一旦风吹草动，便绞尽脑汁，恨不得马上飞出去，飞到一个自以为安全的地方。

贪官外逃，不仅严重影响了中国的国际声誉，更挑战了中国的法治，如果不能及时追捕归案，必将降低党的执政权威。习近平总书记在十八届中央政治局常委会第七十八次会议上关于加强反腐败国际追逃追赃工作的讲话中指出："加强追逃追赃工作是向腐败分子发出断其后路的强烈信号，能够对腐败分子形成震慑，遏制腐败现象蔓延势头。"

随着《北京反腐败宣言》的诞生，恰如一支利箭，彻底粉碎了外逃官员们的美梦。只要不断扩大与完善国际刑事司法协助合作，加大打击力度，惩治腐败的决心与行动不以国界为尽头，就能给腐败分子以强大的震慑力，让他们在通往避罪天堂的路越走越窄，无处藏身。

天网恢恢

也曾瑶池月下，如今四处无家。
只因贪恋荣华，日日心惊胆怕。
天网已撒，任你海角天涯。

天网恢恢

一些腐败分子贪得盆满钵满后，就四处找安身之所，偷偷摸摸跑到国外寻找避难所、安乐窝，以为国外是避罪天堂，可以一躲了之，自此便可以花着昧心钱而过上悠然自得的生活。

习近平总书记强调："要以零容忍态度惩治腐败，不管腐败分子跑到天涯海角，也要把他们绳之以法，决不能让其躲进'避罪天堂'、逍遥法外。"

"也曾瑶池月下，如今四处无家。只因贪恋荣华，日日心惊胆怕。天网已撒，任你海角天涯。"2014 年，中国加大海外追逃追赃的力度，随着"猎狐"行动的实施，给外逃贪官们带来了强烈的震慑。行动就是宣言，党和国家提出的从严治党、依法治国绝不是纸上谈兵；行动就是通牒，是一场国家对腐败分子发起的决战，没有死角，没有例外；行动更是一场持久战，清网行动不会停止，最终都会让那些心存侥幸继续逃亡者付出更大的代价。

安全带

为了您和家人的安全，请系好安全带。

安全带

领导干部手握权力，就如同在高速公路上飞驰，稍有不慎，则可能发生事故。若要保证人身安全，就必须按照规定系好安全带。这条"安全带"，就是要践行党中央强调的"三严三实"。

习近平总书记在 2014 年参加全国人大十二届二次会议安徽代表团审议时，第一次提出"三严三实"的要求："各级领导干部都要树立和发扬好的作风，既严以修身、严以用权、严以律己，又谋事要实、创业要实、做人要实。"

"三严三实"体现了共产党人的价值追求和政治品格，为领导干部解决如何树立正确的事业观、政绩观，切实解决好"为谁干事、怎么干事"和"追求什么政绩、如何追求政绩"的问题，从而要求领导干部真正树立敢于担当的精神，弘扬正气，坚守正道。坚决纠正只当官不干事、只揽权不担责的现象。只有自觉践行"三严三实"要求，坚定理想信念、强化党性观念、增强实干精神，才能真正实现安全从政、健康从政，真正为人民掌好权、用好权。

第一扣

行事如下棋，一步错，步步错，满盘皆输。

做人如扣钮，一粒正，粒粒正，一身正气。

第一扣

习近平总书记在北京大学师生座谈会上生动地讲："青年的价值取向决定了未来整个社会的价值取向，而青年又处在价值观形成和确立的时期，抓好这一时期的价值观养成十分重要。这就像穿衣服扣扣子一样，如果第一粒扣子扣错了，剩余的扣子都会扣错。人生的扣子从一开始就要扣好。"

价值观是基于人的一定思维感官之上而作出的认知、理解、判断或抉择，是人认定事物、辨别是非的一种思维或价值取向，是调整人生方向的"罗盘"和"指南针"。价值观对动机有导向的作用，树立正确的价值观是人生健康航行的保证。衣服上的扣子扣错了，还可以重新扣；人生的第一粒扣子扣错了，不仅会影响个人的一生，还会影响社会发展进程。

社会主义核心价值观的养成绝非一日之功，要坚持由易到难、由近及远。无论是青年，还是领导干部，都要始终努力把社会主义核心价值观的要求变成日常的行为准则，进而形成自觉奉行的信念理念。

涂 污

损党形象者，虽远必诛。

涂　污

当前，一些党员、干部纪律观念淡漠，违反政治纪律的问题时有发生。他们在一些涉及党的基本理论、基本路线、基本纲领、基本经验的重大政治问题上说三道四，还有的甚至捕风捉影，编造传播政治谣言，丑化党和国家形象，在社会上造成恶劣影响。

习近平总书记在第十八届中央纪律检查委员会第二次全体会议上就明令禁止："决不允许制造、传播政治谣言及丑化党和国家形象的言论。"

"损党形象者，虽远必诛。"领导干部一定要加强党性修养，坚定政治立场，增强政治定力，自觉在思想上政治上行动上始终同以习近平同志为核心的党中央保持高度一致，决不允许出现与中央决定不一致的声音，决不允许传播政治谣言，决不允许丑化党和国家形象。同时要做到在党爱党、在党为党，坚决与一切有损党的形象的行为、言论作斗争，坚定不移地维护党和国家的形象。

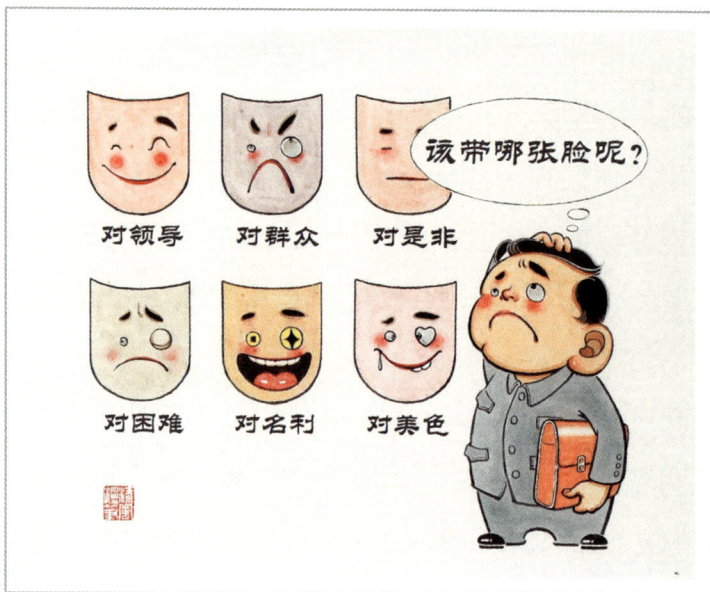

脸　"柜"

人前人后，面具对号。
台上台下，投其所好。
人生如戏，演技高超。
一朝揭穿，自身难保。

脸"柜"

习近平总书记在十八届中央政治局第十六次集体学习时告诫我们："要襟怀坦白、光明磊落，对上对下讲真话、实话、心里话，绝不搞弄虚作假、口是心非那一套。"

而有些人，却喜欢戴着形形色色的面具过日子，面对不同的对象，都会选择一幅不同的面具：对领导阿谀奉承、低声下气；对群众颐指气使、高高在上；对名利贪得无厌、欲壑难填；对美色放任自我、经不起诱惑；对工作推挡应付、敷衍了事；对是非漠不关心、我行我素；等等。

领导干部不能学川剧的变脸，更不能台前是人，台后是鬼，成为人前人后的"多面人"。要发扬求真务实的优良传统，要坚守正道、弘扬正气，坚持以信念、人格、实干立身；要襟怀坦荡、光明磊落，对上对下讲真话、实话；要坚持原则、恪守规矩，严格按党纪国法办事；要严肃纲纪、嫉恶如仇，对一切不正之风敢于亮剑，这才是一名党员应有之本色。

套　娃

亦官亦是商，亦匪亦奴相。
套里自缚终凄凉，切莫如此形状。

套 娃

在同中央办公厅各单位班子成员和干部职工代表座谈时，习近平总书记说："为什么要在为党和人民服务的岗位上戴着假面具去干那些伤天害理的事?! 自己的良心难道一点没有发现吗? 睡得着觉吗?"

社会上总有个别干部，有很多不同的身份，他们就像层叠的套娃，最表面是正气昂扬的官员形象，而里面，有贪得无厌的小人形象，有横行乡里的霸道丑态，更有提心吊胆的囚徒心理。

这些人，或戴"白手套"游走于官商边界，或无法无天游走于黑白两道，更有的则兼而有之，为害一方。或隐身幕后，设置中间环节，"左手转右手"，巧取豪夺；或夫妻联手、父子上阵、兄弟勾结，以各种形式实现权力变现，从而造成社会不公、扰乱经济秩序，产生恶劣影响。殊不知，如此行径，藏得了一时，藏不了一世，到头来，往往是算人害己，得不偿失。

做 梦

台上爱弹廉政"琴",遇人又把爱国吟。

窃问你有啥梦想? 移民!

做　梦

对"裸官"现象，习近平总书记早在 2013 年就严肃指出："有的信念动摇，把配偶子女移民到国外、钱存在国外，给自己'留后路'，随时准备'跳船'。"

"裸官"，无论是否触及腐败问题，其行为本身，就存在对国家的忠诚问题。公职人员不忠于自己的国家，必将使国家的政治、经济乃至军事安全处于危险的境地，同时也使国家和民族的凝聚力、向心力受到严重影响。有民间"三句半"嘲曰："台上爱弹廉政'琴'，遇人又把爱国吟。问你有啥梦想？移民！"至此，"裸官"之丑态毕露。

根治"裸官"现象，既要彻查，更要保持充分的透明，让那些"裸体做官"者，暴露在众目睽睽之下，他们再想"明修栈道，暗度陈仓"，从容不迫地为自己外逃作准备，也就没有那么容易了。

漏　风

没事爱唠嗑，满嘴跑火车。
纪律全不顾，失言又失德。

漏 风

保守党的秘密，是中国共产党的组织纪律。习近平总书记在第十八届中央纪律检查委员会第二次全体会议上告诫全党："决不允许泄露党和国家秘密。"

有这么一种人，他们"没事爱唠嗑，满嘴跑火车。纪律全不顾，失言又失德"。常言道：心不设防就会防不胜防。凡党员干部、公职人员必须要严守保密纪律，嘴上得有把门的，要熟悉和掌握保密要求，养成良好的保密行为习惯，不能张口乱说，或看似牙咬得紧，但却下意识地跑风漏风，泄露工作中的秘密。

当前，国际国内情况复杂多变，各种保密风险因素增加，领导干部接触的信息范围广、事项多、时间早、密级高，就更加要求带头提升防范能力，要做一名知保密、会保密、善保密的明白人，不能因为"不知道""不在乎"的小行为而跌大跤、摔跟头。

照　人

但责己，不责人，此远怨之道也。

　　　　　　——（清）王永彬：《围炉夜话》

照　人

身为作风建设、反腐倡廉中的带头人，有些领导干部喜欢拿"火把"照别人，而很少照"镜子"正视自己。倘若自己行为不端，就是满嘴真理，人家也不信服。就像习近平总书记在中央军委专题民主生活会上讲的："自己不检点，不清爽，不干净，让人家在背后指指点点的，怎么去要求人家啊？没法说，说了也没用啊！"

落实"八项规定"、反对"四风"，不是简单地把口号喊在嘴上，而是要躬身亲行落实到自己身上。领导干部更不能自以为高高在上，就可以无视纪律规矩，只盯别人，不顾自己，成为严重败坏党和政府形象的"害群之马"。

其身正，不令而行；其身不正，虽令不从。领导干部先要照清自己，查摆问题，"照镜子、正衣冠"，以身作则、率先垂范，用严格的尺子衡量自己，用最高的标准要求自己，才能再去要求别人，如此才能让作风建设、反腐工作取得实效。

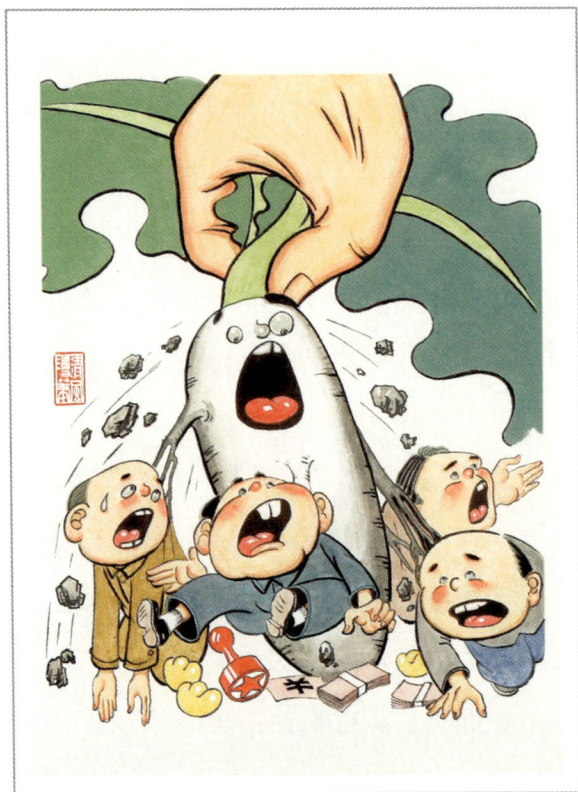

连根拔起

一颗萝卜一窝泥，一个巢穴几人栖？

不怕根深阻力大，铁拳出手不姑息。

连根拔起

一个腐败行为，往往会涉及方方面面的利益，从而形成"区域性、系统性、家族式、塌方式"的腐败现象。而在查处过程中，各个相关人等，或拉、或撑、或顶，用尽力气进行抵抗，不肯轻易就范。

习近平总书记在中国共产党第十八届中央纪律检查委员会第三次全体会议上曾告诫全党："党内决不能搞封建依附那一套，决不能搞小山头、小圈子、小团伙那一套，决不能搞门客、门宦、门附那一套，搞这种东西总有一天会出事！有的案件一查处就是一串人，拔出萝卜带出泥，其中一个重要原因就是形成了事实上的人身依附关系。"

道私者乱，道法者治。根治"塌方式腐败"，就要持续保持高压态势，做到零容忍的态度不变、猛药去疴的决心不减、刮骨疗毒的勇气不泄、严厉惩处的尺度不松，发现一起查处一起，发现多少查处多少，不定指标、上不封顶，凡腐必反，除恶务尽。

组织纪律

一言堂

民主样子做足，人人发言无睹。

若问谁人决定，我说才能算数。

一言堂

"一张嘴、一个章、一支笔",大权独揽,容不下不同意见,听不得不同声音,处心积虑树立所谓"绝对权威",这是有些领导干部的真实写照。习近平总书记多次批评这种现象:"有的独断专行,搞家长制、'一言堂',个人凌驾于组织之上,党内民主得不到充分保障,领导干部特别是一把手的权力受不到有效制约。"

"一言堂"误人误事。一把手嘴张得大,手伸得长,看似可以居高临下,实则孤家寡人一个。不仅难以凝聚集体的智慧和力量,更会造成决策上的失误,导致事业不兴、风气不正、人心不齐。事实证明,腐败窝案的出现与"一把手"腐败密切相关。"一把手"位高权重,一旦自身有问题,就容易带坏班子,搞乱风纪,从而影响整个政治生态。

"一把手"是一班之长,要带头执行民主集中制,自觉接受监督,不把"班长"当成"家长"。要能容人容事,善于把众人智慧集中起来,注意听取不同意见建议,做到总揽不包揽,分工不分家,放手不撒手。各级党组织要健全落实民主集中制,用刚性制度把"一把手"管住,保证"一把手"正确用权,廉洁用权。班子成员要敢于坚持原则、坚持真理,积极营造心齐、气顺、风正、劲足的良好氛围。

伤人害己

捕风捉影乱放箭，居心叵测尽谣言。
损人害己犯王法，抬头三尺有青天。

伤人害己

领导干部就是一面旗帜，一根标杆，一个楷模，其一言一行，都关乎形象，关乎大局。但现在有一些干部妄自尊大、忘乎所以，无法无天。上有政策、下有对策，对中央工作部署搞软抵制，对党的方针政策妄议乱语。

"绝对不允许凌驾于组织之上、老子天下第一"，这是习近平总书记点明的一条铁律，对此，他说："有的人发展到目空一切的地步，对中央工作部署搞软抵制，甚至冲着党的理论和路线方针政策大放厥词，散布对中央领导同志的恶毒谣言，压制、打击同自己意见不合的同志，一心以为鸿鹄将至，谁挡他的道就要把谁搬开。胆大妄为到了何等程度！这在我们党内是绝对不允许的。干这种事，最后都会搬起石头砸自己的脚，机关算尽反而误了卿卿性命。"

因此，领导干部必须端正自己的思想认识，绝不能自以为是，凌驾于组织之上，而是要严格约束自身的言行举止，时刻绷紧组织观念这根弦，从自身做起，在全社会树立起清廉的好风尚。

玩把戏

中央精神过耳后，我行我素不停手。
窃喜应付有妙招，实是跳梁一小丑。

玩把戏

维护党中央权威，加强党的集中统一，是加强和规范党内政治生活的重要目的。习近平总书记曾说："党中央权威，全党都必须自觉维护，并具体体现到自己的全部工作中去，决不能表面上喊着同党中央保持一致、实际上没当回事，更不能违背中央大政方针各自为政、自行其是。"

每一名党员，都要始终以维护党中央权威为天职。那些只顾玩弄自己手中的权力、金钱和美女者，自以为以玩杂耍的姿态对待中央精神能蒙混过关，终将都是搬起石头砸自己的脚。

作为领导干部，在任何情况下都要做到政治清醒、立场坚定，把对党忠诚的信念内化于心、外化于行。自觉做到不该说的不说、不该做的不做，严格遵守组织程序，把自己的行为规范在组织之内，约束在组织之下；在执行组织决定上高度自觉，不推不挡、不拖不瞒，服从组织分配，无条件执行党的决定，积极完成党交给的任务。只有如此，党中央的权威才能真正得以维护。

谁　快

有人取巧飞上天，有人实干不惧险。
飘飘忽忽跌得惨，踏踏实实行更远。

谁　快

实干是实干家的通行证，空谈是空谈者的墓志铭。实干就是实实在在地做事情，踏踏实实地谋发展；是深扎群众中，与群众一块苦干、一块奋斗；是以钉钉子的精神，心无旁骛地干，锲而不舍地干。

实干不但是一种态度、一种精神、一种信念，更是一种追求、一种责任、一种担当。以镰刀和锤头为党徽的共产党人，早就将热火朝天的实干精神永远定格在了旗帜上。"实践是检验真理的唯一标准"，"不干，半点马克思主义都没有"。一代代中国共产党人，正是靠着实干，让我们现在比历史上任何时期都更接近中华民族伟大复兴的目标；也正是靠着实干，现在的我们比历史上任何时期都更有信心、有能力实现这个目标。

空谈无益，实干方能行远。领导干部不能做"语言的巨人，行动的矮子"，要做踏实作为的实干家，而不是畏首畏尾的空谈客。正如习近平总书记所言，要"立足本职、埋头苦干，从自身做起，从点滴做起，用勤劳的双手、一流的业绩成就属于自己的人生精彩。要不怕困难、攻坚克难，勇于到条件艰苦的基层、国家建设的一线、项目攻关的前沿，经受锻炼，增长才干"。唯有如此，方能肩负起强国兴邦之大业。

不闻不问

下级违纪又违法，不闻不问不敲打。
待到东窗丑事发，谁料他家即你家。

不闻不问

当前，党要管党、从严治党的形势十分紧迫。为此，习近平总书记特别强调："决不允许出现底下问题成串、为官麻木不仁的现象！不能事不关己、高高挂起，更不能明哲保身。自己做了好人，但把党和人民事业放到什么位置上了？"

有权就有责，权责要对等，能否落实好主体责任直接关系党风廉政建设成效。无论是党委还是纪委或其他相关职能部门，都要对承担的党风廉政建设责任进行签字背书，做到守土有责。现在，有的党委对主体责任认识不清、落实不力；有的没有把党风廉政建设当作分内之事，每年开个会、讲个话，或签个责任书就万事大吉了；有的对错误思想和不良作风放弃了批评和斗争，搞无原则的一团和气，疏于教育，疏于管理和监督，放任一些党员、干部滑向腐败深渊；还有的领导干部只表态、不行动，说一套、做一套，甚至带头搞腐败，带坏了队伍，带坏了风气。

如果一个地方腐败问题严重，有关责任人装糊涂、当好人，那就不是党和人民需要的好人！你在消极腐败现象面前当好人，在党和人民面前就当不成好人，二者不可兼得。

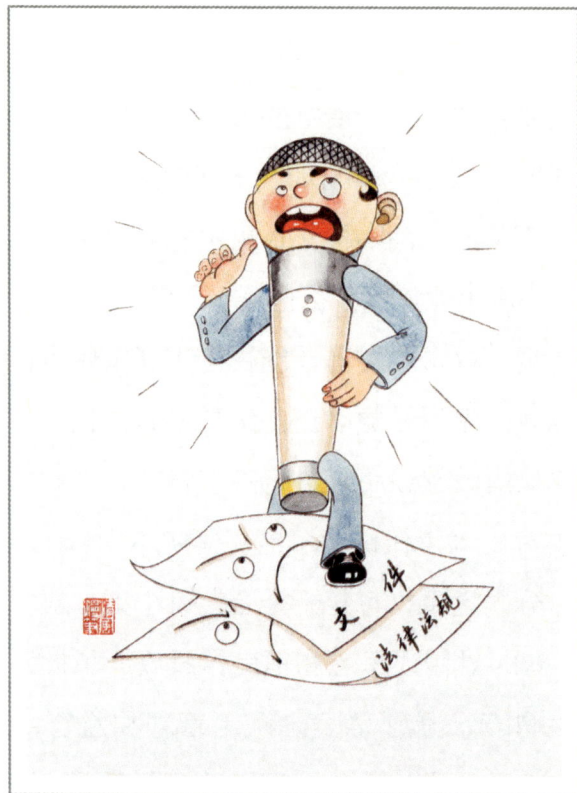

以言代法

法律法规，能推就推，客观理由一大堆。

红头文件，想变就变，瞅瞅领导啥意见。

领导召唤，立即照办，其他统统靠边站。

以言代法

"法律法规，能推就推，客观理由一大堆；红头文件，想变就变，瞅瞅领导啥意见；领导召唤，立即照办，其他统统靠边站。"这是某些单位部门行事决策的一种真实写照。

习近平总书记曾多次要求："各级领导干部要带头依法办事，带头遵守法律，牢固确立法律红线不能触碰、法律底线不能逾越的观念，不要去行使依法不该由自己行使的权力，更不能以言代法、以权压法、徇私枉法。"

依法行政，就意味着无法外之人，无法外之事。权力作为法内之物，一旦脱离法律的监督和控制，就会大于一切，就能代表一切，官员就会目无法律，以言代法、以权压法、徇私枉法。从某官员叫嚣"全部按法不如没法""我是市政府的，我就是王法"的雷人口号，到"红头文件"否决生效的司法裁定，这些最后演绎成公共事件的纷争，都绕不开一个"法"字，都能看到很多领域法律意识的淡漠，也能看到"人治"大于"法治"的影子。

谁的人

拜我山头，从此富贵不愁。
做我门徒，自有光明前途。

谁的人

现实中，喜欢利用手中的权力，拉帮结派，搞小圈子、小帮派、团伙山头的人并不少见。少数人甚至政治野心膨胀、利欲熏心而结党营私，大搞谋取权位等政治阴谋活动。于是，一些正常的上下级之间，搞成了猫鼠关系，确切地说，变成了旧社会那种君臣父子关系、帮派关系。

中国共产党历来反对宗派主义、山头主义等不良风气。在党内，所有党员都应该平等相待，平等享有一切应该享有的权利，履行一切应该履行的义务。凡是官员，须应厘清上下级关系：上级对下级不能颐指气使，尤其不能让下级办违反党纪国法的事情；下级也不应当对上级阿谀奉承，无原则地服从、"尽忠"。

习近平总书记在中国共产党第十八届中央纪律检查委员会第三次全体会议上曾说："需要注意的是，不能把党组织等同于领导干部个人，对党尽忠不是对领导干部个人尽忠，党内不能搞人身依附关系。干部都是党的干部，不是哪个人的家臣。"

伞

同是一把伞，有喜有凄惨。
若问缘何故？亲疏不一般。

伞

君子周而不比，小人比而不周。官员之间，倘若因关系太密切而丧失原则，以致有缺点互相容忍，有错误互相包庇，就会成为沆瀣一气、朋比为奸的团伙。于是，在其伞下，个个可以逍遥自在；在其伞外，只能听其自然，甚至不能享受应有的待遇。正所谓："同是一把伞，有喜有凄惨。若问缘何故？亲疏不一般。"

习近平总书记曾告诫："党内绝不允许搞团团伙伙、结党营私、拉帮结派，搞了就是违反政治纪律。"搞小圈子、搞保护伞这一套的实质，就是不相信组织、不相信党，而相信个别人，这种不顾党的团结统一而自行其是的行为，当属政治上的山头主义、宗派主义，是对政治纪律、政治规矩的严重违背。

试问，这样的保护伞能经得住风吹雨打吗？答案显然是否定的。随着反腐的"利剑"降临、随着"六项纪律"的严明，保护伞不仅保护不了任何人，甚至连撑着保护伞的人自身也是保护不了的。因此，广大党员干部应该不断增强纪律意识，严守党的纪律和规矩，自觉落实《关于新形势下党内政治生活的若干准则》《中国共产党党内监督条例》，做遵规守纪的模范，维护党内政治生活的清风正气。

裁　剪

说你行，你就行，不行也行。

说不行，就不行，行也不行。

裁　剪

在 2013 年全国组织工作会议上，习近平总书记曾指出："有一种现象很值得注意，就是在一个地方、一个单位，一个干部好不好，群众有公论，实践有比较，领导心里也明白，但在具体用人时，结果却与事业需要和群众期盼大相径庭。这其中作祟的，是一些领导干部的私心杂念，是人们议论的'关系网'、'潜规则'。"

我们党历来高度重视选贤任能，始终把选人用人作为关系党和人民事业的关键性、根本性问题来抓。选什么人就是风向标，就有什么样的干部作风，乃至就有什么样的党风。

组织用人，最核心的是坚持公道正派。要坚持党管干部原则，坚持正确的用人导向，坚持德才兼备、以德为先，要着眼于党的事业发展需要选人用人，公道对待干部，公平评价干部，公正使用干部，敢于坚持原则，努力做到选贤任能、用当其时，知人善任、人尽其才，把好干部及时发现出来、合理使用起来。要坚持全面、历史、辩证地看干部，注重一贯表现和全部工作，不能以亲疏关系来区别干部，要让好干部真正受尊重、受重用，让那些阿谀逢迎、弄虚作假、不干实事、会跑会要的干部真正没市场、受惩戒。

逐

一心只想往上爬，官位嫌小不嫌大。
虽然能力不咋样，最会耍权称行家。

逐

"一心只想往上爬，官位嫌小不嫌大。虽然能力不咋样，最会耍权称行家。"这是现实中某些官员的真实写照。这种人多数不修官德、不务正业，弃正道而致力于拉"关系"，严重侵蚀官场生态。他们的金科玉律是"不跑不送、听天由命，光跑不送、原地不动，又跑又送、提拔重用。"

心思都花在跑官要官上，显然是觊觎附加在权力上的好处，不可能全心全意为人民服务。一旦沉迷于此，就容易患上权力饥渴症，会滋生小圈子、小山头，而权钱交易、权色交易等腐败行为也就成为常态了。习近平总书记说："一些地方和单位的干部跑官要官、买官卖官，搞权色交易、权钱交易。……有问题并不可怕，怕的是对问题麻木不仁，要对症下药，亡羊补牢，未为晚矣。"

作为共产党人，无论在什么时候，都应恪守本分，不能颠倒干事与当官的主次关系。否则，挡不住官帽的诱惑，继续望权门而叩拜、依权势而俯仰，爬得越高只会摔得越惨。

明码标价

大小官帽用钱量，高低官阶尽上榜。

童叟无欺斤两足，只把官场当菜场。

明码标价

用人腐败是最大的腐败，买官卖官是最大的政治毒瘤。买也好，卖也罢，都是把国之公器变成了鄙俗的金钱交易，而那些用钱买来的官，脑子里除了权就是利，又有多少心思为民为公呢？

习近平总书记曾非常严厉地指出："买官卖官为什么屡禁不止？一手交钱、一手交货，这多容易啊！一些德才平平、投机取巧的人屡屡得到提拔重用，踏实干事的干部却没有进步的机会。这是搞逆淘汰，伤害了多少好干部的心！"

遏制官场这股歪风，不能把希望都寄托在干部的自觉上，必须要对买官卖官者动辄则咎。发现一起查处一起，揪住一个追责一个，让买官者"赔了夫人又折兵"，让卖官者吃不了兜着走。警示所有官员必须牢记：钱，取所当取，不义之财分文不取；权，用所当用，人民权力决不滥用。而绝不能"大小官帽用钱量，高低官阶尽上榜。童叟无欺斤两足，只把官场当菜场"。

萝卜竞聘

明是因人设岗，程序走走过场。
群众眼睛雪亮，切莫贻笑大方。

萝卜竞聘

习近平总书记在中央政治局常委会听取中央巡视工作领导小组关于二〇一四年中央巡视组第二轮巡视情况汇报时明确指出："从严治党，必先从严治吏，要抓住管权治吏的要害，严肃查处用人腐败。"要彰显选人用人的好风气，就必须遏制形形色色的潜规则、大大小小的关系网、"劣币驱逐良币"的逆淘汰，推动形成风清气正的从政环境。

潜规则、关系网，是选人用人中的负能量，一直为干部群众所诟病。漫画中所讽刺的因人设岗，先定人再走程序，使组织纪律形同虚设就是其中一种典型案例。这些"病毒"一旦横行起来，会污染干部队伍，破坏政治生态，想恢复就要付出很大代价。

因此，组织部门必须把好选人用人关。不能放"劣质者"进入干部队伍，在岗位上无所作为；更不能好坏不分、优劣不辨，使干部队伍"乌烟瘴气"。

同时，各级领导干部都要带好头，立正身、讲原则、守纪律、拒腐蚀，把全面从严治党落到实处。从而营造出风清气正、公道正派的良好环境，实现政治生态"山清水秀"。

选　票

只选"贵"的，不选对的。

选　票

对照习近平总书记说的："公道对待干部，公平评价干部，公正使用干部，让好干部有全身谋事之心而无侧身谋人之虞。"在干部选拔任用上，必须要慎之又慎，走遵循科学、民主的组织程序。

现实中，总会有一些人喜欢搞"以人划线""以地域划线"，把官场弄得亲亲疏疏、团团伙伙的。他们或权钱交易、买官卖官，或任人唯亲、任人唯上，让组织原则流于形式，把群众意见视为儿戏。官员一旦有权而任性，全凭个人喜好随意行事，"只选贵的，不选对的"，那么选票就等于废纸一张，这不仅乱了程序，坏了风气，更伤了好干部的心。

选拔任用的干部，应做到谁提名谁负责、谁决定谁负责的原则，不但要对选拔任用过程负责，还要终身负责，只有将责任落实到具体人身上，板子打到具体人身上，才能确保在选拔任用干部中不出现权力"任性"，也只有这样，才能保证选拔任用干部的质量，为共同营造良好政治生态作出贡献。

熬

问题堆成山，我才懒得管。

留给下一任，准会糗成串。

熬

习近平总书记曾告诫我们说："我们做人一世，为官一任，要有肝胆，要有担当精神，应该对'为官不为'感到羞耻，应该予以严肃批评。"

现实生活中，"为官不为"者并不少见。有的遇到难题绕开走，碰到矛盾就开溜；有的工作底数不清、思路不明，熬年头、混日子，做一天和尚撞一天钟；有的热衷于当"演员"，在领导面前"上蹿下跳"，抓工作落实不见踪影；有的顺境时"在状态"，遇到挫折时就"偏离状态"；有的看到进步便"在状态"，发现"职务到头"就"心不在焉"，即便身后的问题矛盾已经堆成山，仍是不管不问，掰着手指头等着自己的任期到期，留给下一任，自己就可以轻松脱身了。

保持良好的精神状态，是做好工作的重要前提。党员干部更要如此。"为官不为"就是对党的事业和人民群众不负责任的表现，是理想信念不坚定，精神追求匮乏的体现。只有恪尽职守、敢于担当、积极作为，才能磨炼成长、干事创业。

隔　墙

工作褒贬任人评，组织面前坦荡兵。
若是恶意耍心眼，报复终将成报应。

隔　墙

领导干部如何行使权力，以何种态度对待权力行使中出现的偏差与错误，能否做到"闻过则改"，事关领导干部的道德素养和政治品格。少数领导干部在长期的领导实践中，习惯了"一言堂""一人说了算"。那些容不下他人、听不进不同意见的领导干部，甚至使用手中的权力进行打击报复，造成恶劣影响。正如习近平总书记所指出的："有的人热衷于打探消息，四处寻问，八方打听，不该问的偏要问，不该知道的特想知道，捉到一些所谓内幕消息就到处私下传播。"

出现这种现象，其思想根源就在于缺乏对权力的敬畏，是权力私有化、庸俗化的观念作祟。正确面对不同意见和建议，闻过即改，不是怯懦与无能，而是领导干部面对工作误差时应有的胆识，体现的是领导干部敢于担当、忠于职守、对人民负责的勇气。

良药苦口利于病，忠言逆耳利于行。领导干部闻过则改，放弃的是个人荣辱，换来的是人民群众的赞许和认可，赢得的是党和国家事业的不断发展。对于领导干部来说，没有善纳忠言的勇气，就难有宽宏豁达的境界；没有自我批评的习惯，就难有博大广阔的胸襟；没有闻过则改的决心，就难有高风亮节的气度。闻过则改是领导干部执政的一门艺术，更是衡量为民意识的一杆标尺。

木偶戏

我说一来就是一，我要往西就往西。
总觉手下不成器，事事让我费心机。
我已尽心又尽力，样样都已管到底。
处处不让我满意，看来原因都在你。

木偶戏

有些领导干部总喜欢扮演"大忙人"的角色，在日常工作中事无巨细、大包大揽。对此，习近平总书记早在 2000 年与记者陈鹏谈话时就有过批评，他说："时间只能是见缝插针。在这个时候，就要学会什么该做，什么不该做；什么该管，什么不该管。管多了，绝对会管出麻烦来，大包大揽也是官僚主义。"

领导大包大揽，说好听点是事必躬亲、面面俱到，说难听点就是干扰正常的工作秩序。这种干部大都很自负，喜欢越俎代庖，更听不进不同意见，民主氛围形同虚设。

个人的精力和能力是有限的，事无巨细都要管，无疑会削弱整体的工作成效，影响全局工作。在这样的领导身边，很容易滋生那些善于察言观色、投机取巧者，导致小人近而仁者远。

我们既要鼓励领导干部勇挑重任，更要引导领导干部善于放权，让集体中的每一个个体的特长优势得到完美发挥，群策群力，如此才能更好地开展工作、维护团结。

各取所好

不怕讲原则，就怕没爱好。
投中其所好，各自乐逍遥。

各取所好

民间曾有句"名言":"不怕领导讲原则,就怕领导没爱好。"某些领导干部,正是因为一些爱好,葬送了大好前程。

人人都有喜好,官员也不例外。志趣高尚、健康积极的兴趣喜好,不仅可以助人品悟进退、明德修身,还能陶冶身心、增智怡情。但如果不加辨别、纵情沉溺,盲目"陶陶然乐在其中"就危险了。党员干部在闲暇之余,练书法、写文章、搞收藏,本无可厚非。但官员身份特殊,一些爱好、喜好,很容易成为一些别有用心之人"投其所好"的目标或"拉拢腐蚀"的软肋,最终被其牵着鼻子走,只能失去理智、丢掉操守,得不偿失。很多落马者,最初都是被人从其喜好入手而攻破的,由此一步步陷入泥淖而不能自拔。

习近平总书记曾说:"在当前复杂的社会环境下,各级领导干部要加强思想道德修养,注重培养健康的生活情趣,正确选择个人爱好,慎重对待朋友交往,明辨是非,克己慎行,讲操守,重品行,时刻检点自己生活的方方面面,始终保持共产党人的政治本色。"

今天,处身复杂的社会环境,每个领导干部都要重温"一个高尚的人,一个纯粹的人,一个有道德的人,一个脱离了低级趣味的人,一个有益于人民的人"的意涵,对个人喜好葆有一份清醒与自觉,注重培养健康的生活情趣。

影　子

人走影犹在，难舍难分开。

暗里乱纲纪，晴空添雾霾。

影　子

习近平总书记在会见全国离退休干部先进集体和先进个人代表时曾要求："希望广大老同志珍惜光荣历史、永葆政治本色，继续以身作则弘扬党的光荣传统和优良作风。"这不仅是对离退休老干部的要求，也是对每一位调离原岗位的领导干部的要求。

确实，有些领导干部离开原岗位后，对曾经手中的权力还恋恋不舍，对原单位的一些事务不愿撒手。他们遥控指挥原来的"亲信"，希望通过自己的干预，以满足虚荣，甚至是谋取私利，导致一些单位庸俗风气盛行，拉帮结派，人心涣散，正常工作难以开展。这是不懂规矩、不守规矩，视党纪国法为儿戏的"任性"行为。

"人事有代谢，往来成古今。"领导干部离开原来单位、原有职位后，自然就不能再拥有原来那份权力和待遇。领导干部应及时调整心态，适应人生转变，把尊重感情与明确职责区别开来，不做说情之事、不伸干预之手，营造风清气正的政治生态。

责任"链"

重大决策要谨慎，权责统一弦紧绷。
随意定夺拍脑袋，追责铁链锁终生。

责任"链"

一直以来，对于官员的问责存在一个误区：某某调任了、退休了，只要不发生特别重大事件，有责任也不予追究。于是，有些官员便不再考虑"为官一地、造福一方"，而是拍脑袋决策、拍胸脯蛮干，搞短期效应的"面子工程""政绩工程"，等到负面效应暴露时，他们早已拍屁股走人了。

党的十八届四中全会明确提出，"建立重大决策终身责任追究制度及责任倒查机制"。习近平总书记也曾强调："要坚持依法依规、客观公正、科学认定、权责一致、终身追究的原则，围绕落实严守资源消耗上限、环境质量底线、生态保护红线的要求，针对决策、执行、监管中的责任，明确各级领导干部责任追究情形。对造成生态环境损害负有责任的领导干部，不论是否已调离、提拔或者退休，都必须严肃追责。"

退休不是"避风港"，调离也不意味着安全着陆。官员的决策失误，就该像系在脚上的铁链一样。正可谓："重大决策要谨慎，权责统一弦紧绷。随意定夺拍脑袋，追责铁链锁终生。"

廉洁纪律

细水才长流

涓涓细流钵自满，浊浊激注一场空。

细水才长流

"百姓谁不爱好官？把泪焦桐成雨。生也沙丘，死也沙丘，父老生死系。暮雪朝霜，毋改英雄意气……路漫漫其修远矣，两袖清风来去。为官一任，造福一方，遂了平生意。"习近平总书记考察兰考时，再次吟诵了这首《念奴娇·追思焦裕禄》，号召全党继续深入学习焦裕禄精神。

守得住清贫、耐得住寂寞、稳得住心神、经得住考验，这是焦裕禄留给我们最宝贵的精神财富。"涓涓细流钵自满，浊浊激注一场空。"

干部要守清贫、耐寂寞，就是要加强自身修养、提升精神境界，不断增强自律能力，严守党纪国法，自觉做到不义之财不取，不义之利不沾，自觉做到秉公用权、不以权谋私，依法用权、不假公济私，廉洁用权、不贪污腐败；就是要有强烈的事业心和高度的责任感，尽职尽责、忘我奉献，真正做到为党和人民的事业鞠躬尽瘁，始终保持共产党人的政治本色。

正反面

权责本一体，两者共相依。
不可只用权，却将责抛弃。

正反面

习近平总书记在中国共产党第十八届中央纪律检查委员会第五次全体会议上指出，领导干部必须要敬畏权力、慎用权力、为公用权、依法用权、履责用权、务实用权、刚直用权、阳光用权、廉洁用权、公正用权。严以用权的这"十个要求"，直指领导干部作风的核心，值得广大领导干部深思对照。

有许多现象，诸如"官不大，官架子不小""随意用权，有权任性"等等，或把权力当作资源，追求有偿使用；或把权力当成权利，想怎样来就怎样来；或把权力当成待遇，将正当的办事当作私人恩赐。我们必须要认清权力的责任属性，权责不对等与责任太虚都是会出问题的，因为这必然会延长权力的触手，导致腐败和不正之风发生。

正风反腐，是对世道人心的校准。权力的核心是"为人民服务"，权力的体现是"不忘初心"，党员干部要自觉抵制各种诱惑，保持对权力的敬畏，永远铭记为人民服务的初心，做让百姓放心、安心的好公仆。

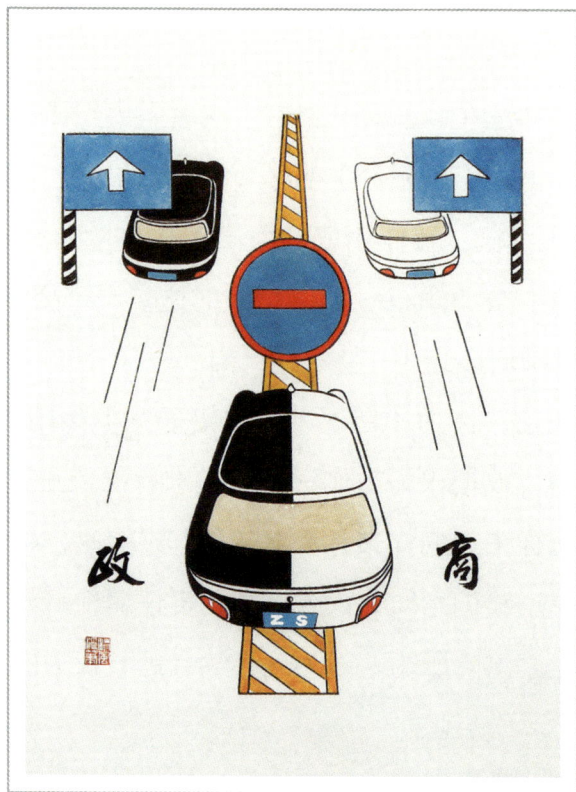

各行其道

政有政路奔前程，商有商道显才能。
要想拧成一股绳，没门！

各行其道

在传统观念中，当官就有权，有权就有人求，有人求就能有钱，"当官"和"发财"几乎就是一对双胞胎，存在着必然的联系。

习近平总书记有过警示："当官发财两条道，当官就不要发财，发财就不要当官。"选择了从政，就不能以权谋私，就不能把钱作为当官的目标。如果只想着当官为了发财，为了将来的以权谋私，那么在以后的工作生活中，就必然会从个人私利出发，难免走上腐化堕落、贪污受贿的不归路，沦为党和人民的罪人。

"君子爱财，取之有道"。在面对当官和发财的问题上，每一名公职人员都要从内心深处认清两者之间没有关联性，只有排斥性。如果想发财，就不必选择从政之路；而既然选择了从政，就要牢固树立正确的人生观、价值观、权力观，时刻牢记"全心全意为人民服务"的根本宗旨，摆正自己的位置，把欲望关进笼子里，常怀律己之心，克勤克俭，永葆简朴、清正的本色。

泡　脚

是官而非官，是商亦非商。
权钱欲两全，廉字丢一旁。

泡　脚

习近平总书记当年尚在福建工作时，就曾说过："不要看到经商发财而感到怅然若失。……如果觉得当干部不合算，可以辞职去经商搞实业，但千万不要既想当官又想发财，还要利用手中权力谋取私利，官商结合必然导致官僚主义。"

权钱欲两全，廉字丢一旁。现实中总有些官员爱扮演官非官、商非商的角色。他们借助权力及权力所能带来的影响力，或与亲友共办企业，或入暗股享受分红，甚至干脆独立投资创建经济实体，委托其他人来担任法人代表，自己则隐身幕后决策指挥，等卸任后再收取成果。这种一脚踩在政界、一脚踏入商界的做法，对个人来讲两头得利，却严重扰乱经济秩序，造成社会不公。

无监督就会放肆。治理这种官商一体的现象，强化相关管理制度的落实无疑是必走途径。对领导干部，就得要求如实报告个人有关事项，特别是注明财产来源，对说不清来源的财产要一查到底，以确保一个风清气正的政治生态。

电 椅

手莫伸，伸手必被捉。
心莫贪，贪心必起祸。

电　椅

习近平总书记强调："领导干部工作上要大胆，用权上则要谨慎。"只有谨慎用权，才能光明正大、堂堂正正。因此，领导干部要树立正确的权力观，以敬畏之心看待权力，以忠诚之心使用权力，回答好"权从何来""为谁用权""怎样用权"的问题，而不能肆意妄为，不能在用权上任性而为。

面对形形色色的诱惑，党员干部一定要守住底线，坚决不触碰红线，时刻保持清醒的头脑，保持对权力的敬畏之心，以清正廉明的"官德"约束手中的权力，不能将自己的权力凌驾于党纪国法和民心民意之上，不能把"权力"与"贪腐"搭上关系。要在工作和生活中自觉让权力接受监督，做到自重、自省、自警、自励，强心智、明心灯，筑牢防腐拒变的思想防线。

权力要始终接受监督。要遵守权力使用的纪律规定，严格执行民主集中制。讨论问题讲民主，进行决策讲程序，执行决议讲纪律。要牢记权力就是责任的理念，用权要接受监督，以确保权力行使不偏离正确方向，确保权力行使的神圣性。

灯下黑

身藏阴影里，欺人又自欺。
打铁自身硬，正人先正己。

灯下黑

领导干部的权力越大，规范权力运行就越不容忽视。习近平总书记曾说："权力越大，越容易出现'灯下黑'，强化党内监督，首先要把中央和国家机关管好。"只有加强党内监督，才能从根本上规范权力的运行。

防止"灯下黑"，要求领导干部必须加强自律，强化自我监督。身正不怕影子斜。领导干部要以身作则、率先垂范。凡是要求党员、干部做到的自己必须首先做到；凡是要求党员、干部不做的自己必须首先不做。否则，带头破坏规矩，自己搞特权，就很容易形成"灯下黑"。

因此，各级党委尤其是主要负责人必须时刻绷紧"正人先正己"这根弦，始终心存敬畏、手握戒尺，增强政治定力、纪律定力、道德定力、抵腐定力，始终不放纵、不越轨、不逾矩。同时，要自觉同特权思想和特权现象作斗争，从自己做起，从身边人管起，手中掌握的"手电筒"不仅要照亮别人，更要照向自己，使自己的言行曝光在人们的监督之下，避免出现"灯下黑"。

分蛋糕

权是蛋糕香喷喷，化整为零私下分。
拉帮结派野心胀，权欲熏心陷太深。

分蛋糕

大量案例证明，领导干部一旦形成小山头、小帮派，围绕一个"权"字大做文章，像分蛋糕一样，把权力收入自己的腰包，搞权钱权色交易，其破坏力是惊人的。

习近平总书记指出："在长期实践中，党内政治生活状况总体是好的，但一个时期以来，也出现了一些亟待解决的突出矛盾和问题，特别是高级干部中极少数人政治野心膨胀、权欲熏心，搞阳奉阴违、结党营私、团团伙伙、拉帮结派、谋取权位等政治阴谋活动。这些问题，严重侵蚀党的思想道德基础，严重破坏党的团结和集中统一，严重损害党内政治生态和党的形象，严重影响党和人民事业发展。这就要求我们必须继续以改革创新精神加强党的建设，加强和规范党内政治生活，全面提高党的建设科学化水平。"

领导干部要坚持党性，守住底线，不搞"拉拢一部分人、排斥一部分人"这一套，正确对待权力，职位越高、权力越大，越应心存敬畏。

领导干部只有永葆共产党人的政治本色，才能赢得人民群众的信任和支持，承担起执政兴国的历史重任。

私　利

公私本应要分明，做事还须真干净。
莫用私利来引颈，机关算尽反丢命。

私　利

"不以一毫私意自蔽，不以一毫私欲自累。"此话出自《中庸章句》，提醒人们不能为一点蝇头小利就处事不公，分不清是非；不能为一点私心私欲而捆住自己的手脚。2014年6月，习近平总书记在十八届中央政治局第十六次集体学习时引用了这句话，要求领导干部务必"清正廉洁，正确行使权力，在各种诱惑面前经得起考验"。

"利"字，从刀，从禾。本来就是以刀断禾之意。为人不能因利而害己，更不能因利而伤人。而"私"字，更像一把刀，如果只顾一己私利私欲，只会引刀自恨，成为刀下鬼。特别是领导干部，一定要处理好公与私的关系，划清公与私的界限，做到公私分明，大公无私，公而忘私。

对于党员干部来说，任何时候都应该"公"字当头，先天下之忧而忧，后天下之乐而乐。当个人利益和人民利益发生冲突的时候，要摒弃私心私欲，毫不犹豫地以人民利益为重，才能坦荡做人。

权力阴影

阴影下，蛀虫享，大树底下好乘凉。

利益上，腐败长，民意面前难隐藏。

权 力 阴 影

腐败，原本是指生物学中有机体腐烂变质的过程。腐败会导致物体失去价值，并进而引发连锁反应，让周边的物体也发生败坏。如何防治腐败？有经验的人都知道：粮食或其他食品储存久了，得拿出来让阳光晒晒，这样就不容易发霉变质生虫子了。

"阳光是最好的防腐剂。权力运行不见阳光，或有选择地见阳光，公信力就无法树立。"这是2014年习近平总书记在中央政法工作会议上讲的。

让权力始终保持在阳光之下，就要建立健全一套决策权、执行权、监督权既相互制约又相互协调的权力结构和运行机制，用制度管权、管事、管人；要加强民主监督，发挥好社会监督和党内监督作用，增强监督合力和实效；要强化对干部的世界观、人生观和价值观的教育；等等。只有把这些细致的工作做到位，阳光方能洒到每一个角落，才能让"猫腻"无处藏身，让"潜规则"寸步难行。

悠　闲

权钱作伴，银银莺莺宴宴；
法纪难容，凄凄惨惨戚戚。

悠　闲

习近平总书记在党的十八届六中全会上分析当前党内政治生活存在的突出问题时说："在一些党员、干部包括高级干部中，理想信念不坚定、对党不忠诚、纪律松弛、脱离群众、独断专行、弄虚作假、庸懒无为，个人主义、分散主义、自由主义、好人主义、宗派主义、山头主义、拜金主义不同程度存在，形式主义、官僚主义、享乐主义和奢靡之风问题突出，任人唯亲、跑官要官、买官卖官、拉票贿选现象屡禁不止，滥用权力、贪污受贿、腐化堕落、违法乱纪等现象滋生蔓延。"

这些领导干部，善于在权与钱之间游戏人间，败坏了党内政治生态，引起群众的不满和愤恨。其实贪官落马之前，貌似悠闲，却也饱受精神压力，生怕东窗事发，时时处在惊慌恐惧之中。

俗话说，不做亏心事，不怕鬼敲门。领导干部要牢固树立正确的权力观，做到公正用权、依法用权、为民用权，不起贪念，不作非分之想，时刻保持平和、平淡、平静之心。

看明白

话说世人总难分，贪字如贫婪如焚。
私欲本是祸根在，贪者终贫婪终焚。

看明白

贪与贫，婪与焚，这两组字很近似，不认真看还真不易分清，但作为领导干部一定要看清楚、看明白。"贪"得钱物，只是过个手而已，最终还是会落得一无所有、一贫如洗；"婪"者，亦是贪爱钱物，最终只会引火自焚，无法善终。

习近平总书记曾说："领导干部手中拥有一定的权力，身处各种人情世故的交汇处，身处各种贿赂犯罪的指向点，如果不能正确对待手中的权力，不能理性面对各种利益，思想稍有放松和懈怠，就可能在人情世故的纠缠中、在形形色色的诱惑和糖衣炮弹的进攻中，丧失原则，沾上污垢，滑向腐败的泥潭。有句话说得好：心有敬畏，行有所止。"

心有敬畏，就要敬畏手中的权力，面对贪婪的念头，就要想到"贫""焚"的结局，从而警示自己，除却非分之想。

登录密码 廉洁

权力密码

密码为先，与信号强弱无关。
廉政为本，与职位高低无关。

权力密码

众所周知，连接 WiFi，必先使用登录密码，只有密码正确，才能使用流量。密码对于 WiFi，是启动的先决条件。同样，廉洁对于权力，也是前提条件。身为领导干部就要自觉提高自身修养，始终保持清廉，才能确保掌好权、用好权。正所谓："密码为先，与信号强弱无关；廉政为本，与职位高低无关。"

多年前，习近平总书记在《求是》杂志发表题为《用权讲官德 交往有原则》的文章中提到："'清廉'是官德的内在要求。共产党的干部就是要严于律己，廉洁奉公，一身正气，两袖清风，清清白白做'官'，堂堂正正做人，坚持高尚的精神追求，永葆共产党人的浩然正气。"

"子率以正，孰敢不正。"为官者要想达到"正"，须不断提高官德修养，做到自重自省自警自励，慎独慎微慎初，把官德内化于心，外化于行。领导干部只有廉洁自律，才能履行好党风廉政建设主体责任。大量事实证明，"律己"过不了关，"律人"就不过硬。因此，严于律己、廉洁奉公，方能立于不败之地。

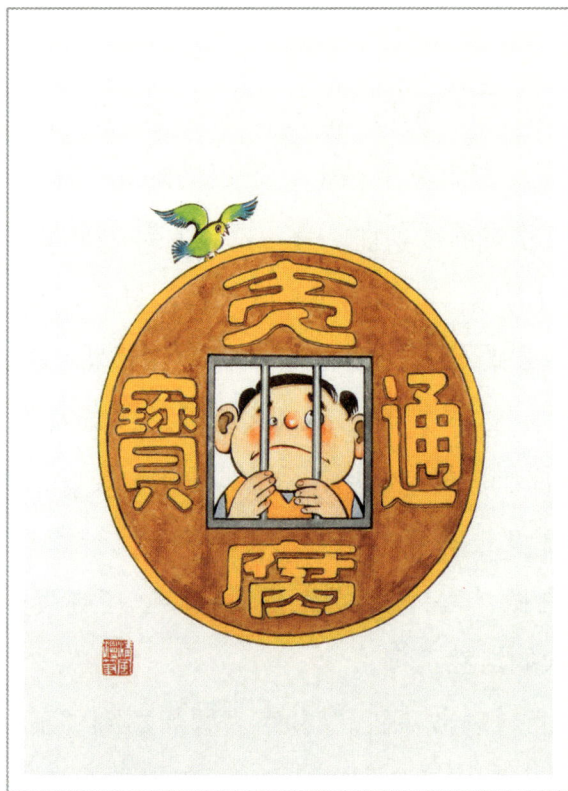

孔方兄

世人都晓当官好，只有金银忘不了。

一朝肩上枷锁扛，却叹，钱是杀人不见血的刀。

孔方兄

钱有两面性，它能使你快乐，也能让你苦恼。把钱看得过重，必然为钱所累。特别是领导干部，最怕被金钱牵着鼻子走，成为金钱的奴隶、拜金主义的先锋。一旦借助手中的权力，收取不义之财，必将受到法律的严惩。

习近平总书记在中国共产党第十八届中央纪律检查委员会第三次全体会议上说："要让每一个干部牢记'手莫伸，伸手必被捉'的道理。'见善如不及，见不善如探汤'。领导干部要心存敬畏，不要心存侥幸。"

每个党员干部都要常思贪欲之害，常怀律己之心。在面对党纪国法时，都要心存敬畏，不要心存侥幸，只有警钟长鸣，才能警笛不响。

领导干部要用好手中的权，不要等到身陷囹圄，才懂得自由的可贵。只有像画中那只小鸟一样，站在钱币的上方，才能获得真正的快乐、自由和美好。

先礼后"殡"

珍珠翡翠土特产，来者不拒往家搬。
当官误作发财路，实掘坟墓往里钻。

先礼后"殡"

贪腐的结局会怎样？习近平总书记在指导河南省兰考县委常委班子专题民主生活会时曾形象地指出："一个要有情操，这是一道防线；一个要有戒惧，一定要有敬畏之心。一旦犯事，什么都没了，倾家荡产，甚至家破人亡。那些大贪巨贪，最后不就当了一个财物保管员吗？就是过了个手，最后还要还财于民、还财于公。不要做这些事情。"

收点小礼物、拿点土特产，一些领导干部之所以陷入腐败的泥坑，就是在吃喝玩乐这些所谓的"小意思"中放松了自己。有些干部，刚刚走上领导岗位时，慎之又慎，拒腐之弦绷得很紧，但时间一长，警惕性、敏感性慢慢降低，鉴别力、自控力弱化，于是滥用职权谋取私利成了家常便饭，逐渐走上违法犯罪道路，最终得不偿失。

赃款赃物并不能让人过上好生活。须知，一旦权力用来谋私，那么人家送来的已不是"礼"，实是"殡"。因此，领导干部应该以史为鉴，克己自律，提升自己的道德境界，时刻保持头脑清醒。

陷

天上掉馅饼之时，就是地上露陷阱之时。

陷

当官为何是高危职业？因为诱惑太多了，处处是陷阱啊！这是习近平总书记在指导河南省兰考县委常委班子专题民主生活会时所做的分析，他说"天上掉馅饼之时，就是地上有陷阱之时。"一个官员，倘若摊着双手，光追着天上的"贿"馅饼跑，无疑就会顾此失彼，其下场也就可想而知了。

对领导干部来说，不仅要灭除以权谋私之欲念，还要处处防备社会上的种种诱惑。所有自己认为是当官才能享受的、产生快感的事情，背后都可能隐藏着罪恶，甚至是陷阱。面对凭空而来的好处，务必要警惕！或戒惧，或退避三舍。

为政之要在于廉洁，廉洁之道在于自律，自律之本在于自身硬气。领导干部要时刻摆正自己的"门神"，始终保持高尚情操，始终深怀敬畏之心，提高明辨是非的能力、强化守规遵纪的意识，担起党风廉政建设的责任，切实管住嘴、管住手、管住脚，筑起防线、抗拒诱惑，时刻绷紧廉政这根弦，才能不被天上的"馅饼"所迷惑，不因地上的"陷阱"而沦陷。

礼

非亲又非故，登门送礼物。
君若无权人，谁来套近乎？

礼

"礼"，古代用于祭神求福，现在多用于礼节。比如，送礼就是走亲访友、增进感情的传统方式，但倘若礼与权力搭上了边，有了交集，便必定失真变味。有了权，迎来送往之"礼物"的对象从亲朋好友扩大到"非亲非故"的假同学、假亲戚、假熟人，而"套近乎"的也更多是只有利益关系的人。

习近平总书记对此早有阐述，他指出："有的认为为他人办了事，有送就收才显得随和自然，而不被人视为'假清高'，有的认为常在河边走、哪能不湿鞋，与其保持操守，不如随波逐流，即使查也是法不责众，检查一阵子，享受一辈子。"

办事收礼，无疑是权力本位思想在作怪。但要明白，权力是一把双刃剑。当你不注意洁身自好，那么，在收受礼物的同时其实也在收受风险。你可以享受一阵子，但必定会后悔一辈子。

唐僧肉

国有羊毛不能薅，社会墙角不能撬。
公帑国贽应利民，岂是长生不老药。

唐僧肉

在当前的国企改革中，把国有资产看成人人可食的"唐僧肉"的大有人在，他们手握刀叉碗筷，瞅准时机分而食之。其手段不外乎挖空心思在资产评估、股权改革和转让、资产出租等各个环节恶意压低价格，再暗箱操作由利益相关人员接收，从而实现利益输送。

习近平总书记曾专门提醒，"要吸取过去国企改革经验和教训，不能在一片改革声浪中把国有资产变成谋取暴利的机会。"

无疑，防止国有资产流失已经成为国企改革的当务之急。要切断利益输送渠道，防止资产流失，一方面要让改革过程更加公开透明，消除监管的"灰色地带"，扎牢资产管理的"篱笆"，重塑国企内部监督机制；另一方面要对造成国有资产流失的违规违法行为"零容忍"，坚决做到发现一起，惩处一起，净化国企改革环境。当然，国企改革也不能"因噎废食"，因惧怕国有资产流失而不改革，因为不改革将是更大的资产流失。

抹　刷

有国才有家，大家护小家。
只顾要小家，迟早要遭殃。

抹　刷

"以各种形式侵占公共利益的，违规侵害群众利益的，明里暗里为亲属升官发财奔走的，以权枉法的，这样的干部不乏其人啊！"这是习近平总书记在中国共产党第十八届中央纪律检查委员会第二次全体会议上发出的警示。

有的官员，明知是国家财产，就有胆量、有办法，把这个"国"字抹掉，让其成为自家财产。他们总是受不了这样那样的种种诱惑，觉得有权不用过期作废，于是有意无意地模糊姓公姓私的楚河汉界，滥用公款公权，将国家财产据为己有，拼命地为自己、为老婆孩子、为铁哥们谋福利。花公家的钱，买自己的单，把人民的财富当成自己的钱包，不以为耻，反以为特有面子、特别光彩。长此以往，深陷腐败的泥潭是不奇怪的。

党员干部要时时以公、私二字为标尺，事事划清公、私的边界，给自己的思想戴上"紧箍咒"，才能争当一名大公无私、公私分明、先公后私、公而忘私的党员干部。

勤"捞"致富

手里有权，心里不慌。
来财有道，空手套狼。
乐此不疲，难逃法网。

勤"捞"致富

当前有些领导干部，变勤劳致富为勤"捞"致富，而周边人或觉得事不关己，或附和尾随，或畏于权力的淫威，敢怒而不敢言。这样的场面，倒真的很需要有人挺身而出，如安徒生笔下那位天真无畏的小孩来道出问题的真相。

习近平总书记曾告诫我们："领导干部手中的权力是人民赋予的，只能用来为人民谋利益，决不能把它变成牟取个人或少数人私利的工具。"面对这种不良现象，我们必须承担起党内监督的责任，以坚定的意志和顽强的毅力抵制不良影响，勇于同不良现象作坚决斗争。不仅要对自己负责，也要对组织、对同志负责，为端正党风政风竭尽全力。

权力就是责任，权力越大责任也越大，一定要真正在思想上解决"入党为什么？当干部做什么？"任何时候任何情况下都要把执政为民、为民用权作为正确使用权力的基本要求，真正做到立身不忘做人之本、为政不移公仆之心、用权不谋一己之私。

"好" 牌

东南西北中发白，摸清门路好运来。

有吃有碰和得快，钱来权往真自在。

"好" 牌

官商勾结素来是腐败的一大特征，随着全面从严治党和党风廉政建设的不断深化，按传统模式运行的官商勾结已经难以存续，不得不改头换面，穿上"迷彩服"，戴上"白手套"。正如习近平总书记所言，"官商勾结和上下勾连交织，利益输送手段隐蔽、方式多样。"

重新伪装后的官商勾结，受贿时不再直接收受金银珠宝，或改收一些字画古玩，或获赠高级会所会员资格；有的则通过中间代理人，与其亲属合伙办企业、搞股票内幕交易；等等。此外，或在旅游会所寄"情"山水，或寓"合作"于娱乐，交易往往在不经意间就已完成，发现查处的难度越来越大。

然而，不管是在餐桌上还是牌局里，不管是"一筒"还是"二条"，以及怎样的"吃"法"碰"法，只要仔细抽丝剥茧，就会发现其本质上都是"公章"与"金条"的往来交易。形式上的多变并不能掩盖其权钱交易的丑恶本质，其违法违纪勾当也注定受到法律的严惩。

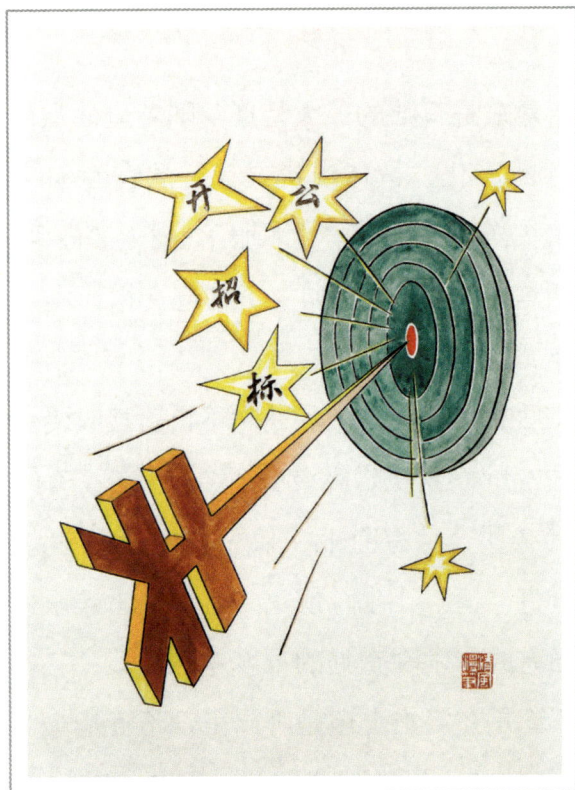

中　镖

名曰公开招标，实则暗做手脚。
要问其中奥妙，还是财色开道。

中　镖

工程建设领域一直是腐败的高发区。对此，习近平总书记曾警告："现在矿产资源、土地出让、房地产开发、工程项目、惠民资金、科研经费管理等方面腐败问题频发。领导干部插手工程项目、亲属子女经商办企业问题突出。……查处惩戒力度还要加大。"

利益滋生贪婪。在金钱的诱惑之下，一些官员成了商人们牟利的"工具"，上演着一场场"官商联手"的"黑心工程"。面对"公开招标"的靶心，射中它的不是公正、公开与公平，而是金钱与关系。正所谓："名曰公开招标，实则暗做手脚。要问其中奥妙，还是财色开道。"

除了以"零容忍"的态度，严管、重处、狠罚，始终保持高压态势之外，完善制度体系，铲除腐败土壤，应是堵住此类腐败漏洞的根本。必须增加工程项目招投标、资金账目等环节的透明度，让工程项目晒在阳光下，要调动群众广泛参与监督，形成监管的"天罗地网"，以保持工程建设领域的风清气正。

危红包

莫让权力变贪欲，莫让手机变道具。

莫让客气变默许，莫让红包变牢狱。

危红包

"莫让权力变贪欲，莫让手机变道具。莫让客气变默许，莫让红包变牢狱。"当今社会，隐形的"糖衣炮弹"无所不在，而微信红包，就因其隐蔽而便捷，且又"安全"，竟成了新型的腐败"神器"。

习近平总书记在党的群众路线教育实践活动第一批总结暨第二批部署会议上就曾挑明了这种玩变通的腐败现象的特点："有的送礼和收礼穿上'隐身衣'，礼品册、电子礼品卡等花样繁多，利用网络、快递进行，双方不见面，十分隐蔽。"

手指轻轻一点，良知已经沦陷。微信红包，遮掩在"微小"的外衣下使人麻痹大意，混淆在网络的包装下让人心存侥幸，蒙蔽了一些干部的双眼，躲开了监管的视野，让部分党员干部在不知不觉中偏离了方向，走上了违法犯罪的道路。

身为党员干部，唯有始终保持初心，清白做人，干净做事，才能做到真正无愧于国家，无愧于党，无愧于人民群众。一旦底线不守，"微红包"终将成为害人害己的"危红包"。

风筝高手

风筝线，手中牵，收放自如乐颠颠。

旗号扬，名利藏，暗箱操作饱私囊。

风筝高手

"要耐得住寂寞、守得住清贫。我刚当干部时就想明白了一个道理，鱼和熊掌不可兼得，当干部就不要想发财，想发财就不要当干部。"这是习近平总书记对"官商两条道"的谆谆告诫。

现实中有些领导干部善于伪装。他们清楚"官"与"商"的界限，却不情愿清清白白从政。于是自己隐身幕后，设置中间环节，"左手转右手"，或夫妻联手、父子上阵、兄弟串通，通过各种手法实现权力的"变现"。其手段之隐蔽多样，称之为"白手套"。

"白手套"既能提供保护，又能遮掩实质。领导干部熟悉政策，更有信息资源。如果一旦心理出现失衡，就容易去钻法律的空子，戴着"白手套"游走于"官""商"的边界。只要有线可牵，即可放飞各种"风筝"。只叹此举得不偿失，因为不管是谁，造成社会不公、扰乱正常经济秩序，损害党和政府的形象，最终都会身败名裂，而为人民群众所不齿。

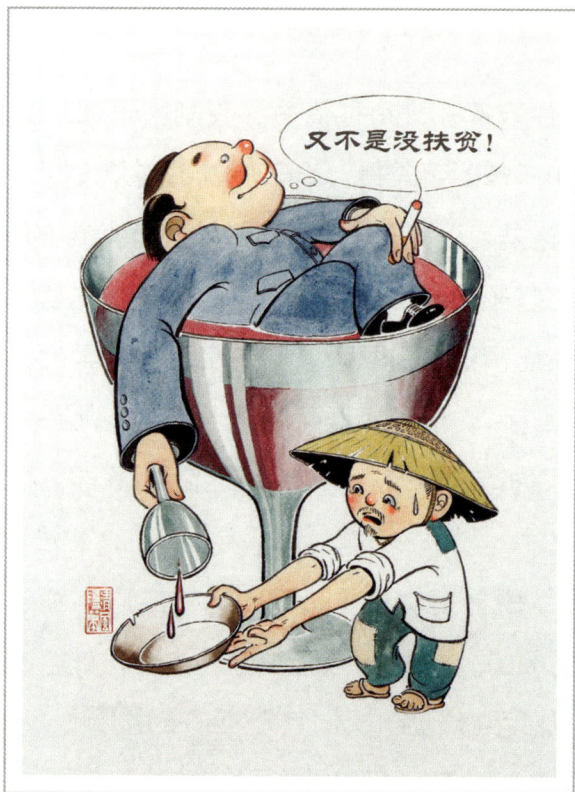

漏

夺泥燕口，削铁针头，刮金佛面细搜求，无中觅有。
鹌鹑嗉里寻豌豆，鹭鸶腿上劈精肉，蚊子腹内刳脂油。
亏老先生下手！

—— （元）无名氏：《醉太平·讥贪小利者》

漏

扶贫开发是国家全面建成小康社会的重要举措。但在某些地方，作为困难百姓保命的扶贫资金，竟被层层截留，或被挪做他用，或干脆塞入自己腰包。在官员的推杯换盏、声色犬马之际，扶贫资金也从一瓶到一杯，从一杯剩一滴，而那仅存的一滴也是待其酒足饭饱、挥霍殆尽之后，才顺着高脚杯沿滴到翘首以盼的困难群众手中。其经历不谓不曲折，过程不谓不艰辛，正可谓"鹭鸶腿上劈精肉，蚊子腹内刳脂油"，如此行径，你怎能下得了手！

习近平总书记在中央扶贫开发会议上专门提出，"要加强扶贫资金阳光化管理，集中整治和查处扶贫领域的职务犯罪，对挤占挪用、层层截留、虚报冒领、挥霍浪费扶贫资金的要从严惩处。"

扶贫领域存在的贪占挪用，是扶贫工作的"拦路虎"，必须予以严惩。对涉及的腐败问题要发现一起、查处一起，绝不姑息迁就。只有斩断伸向扶贫项目和资金的"黑手"，扶贫才能真正达到应有的效果，发挥出保民生、"兜底线"的功用。

捞　人

能量大无边，捞人赚大钱。

劝你莫狂妄，牢房等你添。

捞 人

习近平总书记在十八届中央政治局第四次集体学习时曾讲到这样一种现象："现在常有一些所谓'捞人'的事，声称可以摆平什么腐败案件、操作改变死刑判决，要价很高，有的高达几百万元。是不是有这样的事？这些钱花到哪里去了？得好处的有多少人、多少环节？这不就是说花钱可以免罪、花钱可以买命吗？有的司法人员吃了被告吃原告，两头拿好处。这样的案例影响很坏！"

捞人，明显是严重违纪违法之事。既无法让犯罪分子得到应有的惩罚，更破坏了司法的公正性和严肃性，败坏了社会风气。现实中，正是存在这样的腐败官员，让"捞人"的潜规则有成风之势。

我们的法治建设不仅要大力打击司法腐败，努力推进司法体制改革，健全司法机制，让"捞人"潜规则无处藏身；更重要的是要深入推进"依法治国"建设，提高社会法治意识，让那些需要受到法律惩治的人员，在法律的制裁面前，选择坦然接受，而没有心思再走什么旁门左道，以真正树立法律的权威。

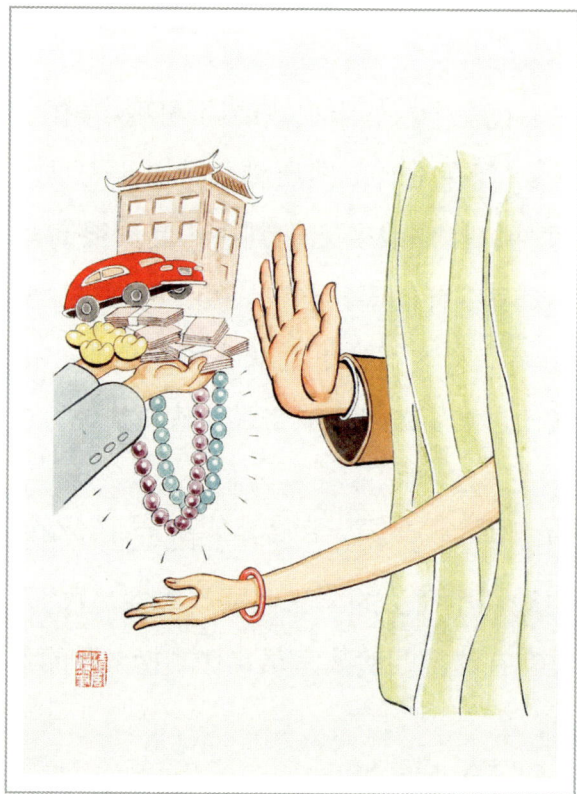

垂帘听政

家有内助实不贤，管吃管住管收钱。
枕边起风逐恶浪，一丘之貉罪匪浅。

垂帘听政

当家离不开"贤内助",为官离不了"廉内助"。家风正,清廉立;家风破,贪腐生。对领导干部来说,好的家风既是砥砺品行的"磨刀石",又是抵御贪腐的"防火墙"。

现实生活中,很多领导干部的贪污腐化与家风不正有直接关系,正所谓"不在颛臾,而在萧墙之内也"。这种人手握权力,表面上不贪不占,对一切财色利益严词拒绝,一副道貌岸然。背地里家人却伸长了胳膊,来者不拒,做着收钱敛财的大总管。其所演绎的无非就是贪腐父子档,受贿"夫妻店",一人当官全家涉案的"肥皂剧",因此,结局也只能是"枕边起风逐恶浪,一丘之貉罪匪浅"。

一层门帘也是一层遮羞布,一帘之隔便有两种色彩。一上一下、一推一接之间,所做的都是贪腐之事。试问:"帘内"不廉何求"帘外"廉?对此,习近平总书记在第十八届中央纪律检查委员会第六次全体会议上强调:"每一位领导干部都要把家风建设摆在重要位置,廉洁修身、廉洁齐家,在管好自己的同时,严格要求配偶、子女和身边工作人员。"

连理枝

君为参天树，妾乃蒲柳丝。
只图权力果，攀援无空枝。

连理枝

习近平总书记曾告诫全党："我们共产党人决不能搞封建社会那种'封妻荫子'、'一人得道，鸡犬升天'的腐败之道！否则，群众是要戳脊梁骨的！"

"封妻荫子"，原指封建社会帝王将官爵赐给臣子，妻子也得以享受诰命称号，子孙世袭官职和特权。时至今日，这条成语的范围已不仅限于妻子儿女，少数官员在财色利益诱惑之下，就连亲朋、好友、同学、部下、秘书、情人等等都可以借权力而"雨露均沾"。家族腐败自然也就随着权力的扩大而逐步蔓延，人也变得越来越胆大狂妄了。近年来查办的大贪中，我们就不难看到类似"封妻荫子"的影子。

清除"封妻荫子"，需要加强官德教育，消除"官本位"思想，同时，更要以严厉的法律手段来以儆效尤，彻底铲除腐败官员"牺牲自己一人，幸福全家三代"的投机心理和侥幸心理。

满载无归

小老鼠，真自在。偷食吃，好富态。
啊呀呀，撑死了，肚子圆滚出不来。

满载无归

习近平总书记曾告诫："极少数领导干部不能把握自己，私欲膨胀、以权谋私、贪污腐败，最终不仅毁了自己、害了家人，而且给党的事业带来很大损害，教训是深刻的。"

私欲，为人的本性所固有，一旦膨胀就容易超出正常范围。特别是领导干部，绝不能把私放大，将公缩小，为了一己私利或局部利益，把党性原则和人民利益丢在脑后。凡私欲膨胀者，都如入仓之鼠，恣意放纵自己，毫无节制饱餐一顿，直把自己胀得圆滚滚，再想溜之大吉，难矣。

政府官员就是要把"私"字写小，再写小；把"公"字写大，再写大。要时刻控制私心、遏制私欲，"勿以善小而不为，勿以恶小而为之"。现实中，就是要想方设法解决群众所需、所急之事。哪怕再小之事，都要尽心而为。只叹当下有些官员，失去了自制力而控制不住私欲，从小贪小污逐渐"恶化"，终成大贪大恶。

慎 "独"

常记自我约束，尤当一人独处。
百炼铸良钢，敢笑豺狼虫蠹。
慎独，慎独，抵挡一切贪腐。

慎 "独"

习近平总书记曾在《之江新语》一书中，以一篇《追求"慎独"的高境界》，对党员干部提出了具体要求："党员干部要'慎独'。党员干部特别是领导干部手中往往掌握一定的权力，不仅要主动接受组织、制度的监督，而且还要不断加强自律，做到台上台下一个样，人前人后一个样，尤其是在私底下、无人时、细微处，更要如履薄冰、如临深渊，始终不放纵、不越轨、不逾矩。"

"慎独"是儒家的一个重要概念，讲究个人道德修养，注重个人品行操守。"君子戒慎乎其所不睹，恐惧乎其所不闻，莫见乎隐，莫显乎微，故君子慎其独也。"慎独，就是要在个人独自居处的时候，也能自觉地严格要求自己，谨慎地对待自己的所思所行，防止有违道德的欲念和行为发生。

慎重承担自己具有独立性的生命，谨慎面对自己生命本质上独立的事实，牢固地保持自我的道德本性和本心，这也是一个党员应具备的基本素养。

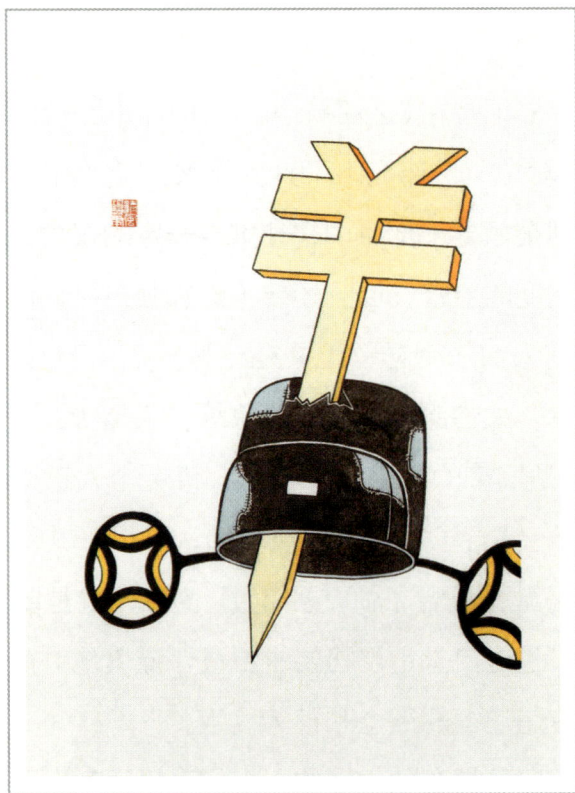

慎　终

几度风雨几度春秋，风霜雪雨搏激流。
历尽苦难晚节不保，垂暮之年愁不休。

慎 终

"善始者实繁，克终者盖寡。"领导干部在即将退休之时，权力旁落，难免产生失落感和孤独感，但倘若萌生"有权不用，过期作废"的歪念头，抱着"一辈子做清官，退休了还不捞一把"的颓废心态，滥用职权，便属晚节不保了。

针对此种现象，习近平总书记曾说："将自己从政多年积累的'人脉'和'面子'，用在为子女非法牟利上，其危害不可低估。古人说：'将教天下，必定其家，必正其身。''莫用三爷，废职亡家。''心术不可得罪于天地，言行要留好样与儿孙。'"

退休，并不意味着"平安着陆"。"退了休就既往不咎、万事大吉"更属幼稚的侥幸心理。领导干部要且行且珍惜，临近退休要切记"慎终如初"，切勿因一时的贪念毁了一生。应不忘初心，进退去留间，要正确认识和对待名利地位，抵御各种腐朽思想的侵蚀，真正在人生旅程中"平安着陆"，善始善终，坦荡荡地开启安享幸福晚年生活新模式。

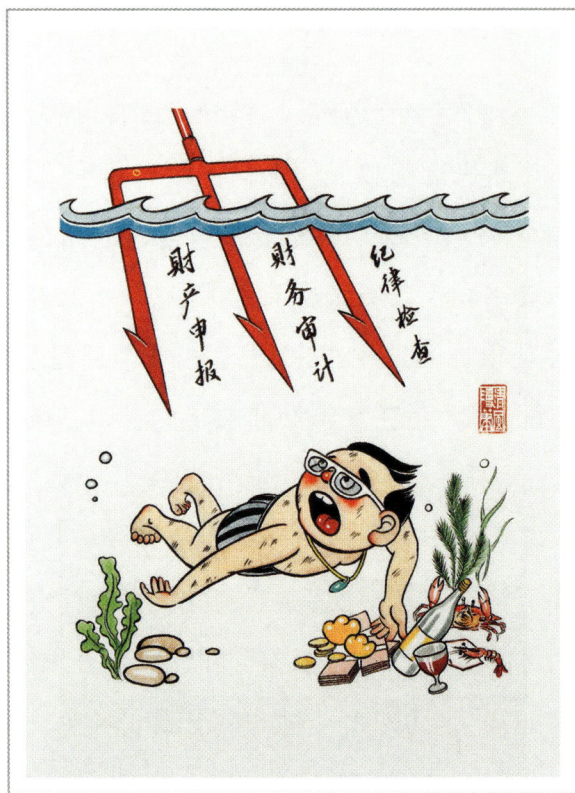

潜　泳

自以为浪里白条如鱼得水，沾沾窃喜。

到头来图圄囚人难见天日，寂寂自悔。

潜　泳

对于落实全面从严治党各项要求，习近平总书记指出："各项改革举措要体现惩治和预防腐败要求，同防范腐败同步考虑、同步部署、同步实施，堵塞一切可能出现的腐败漏洞，保障改革健康顺利推进。"腐败产生的一个背景是改革催生大量机会，让一些心术不正、别有用心之人找到设租寻租、弄权腐败的可乘之机。

预防和惩治腐败既是国家治理体系的重要内容，又是国家治理能力的重要体现。各项改革举措与防范腐败做到同步考虑、同步部署、同步实施，表明中央深刻意识到，反腐败不能孤立进行，必须服务于党和国家的核心战略与中心任务。

站在新的历史起点上，推进党风廉政建设和反腐败工作，不再是囿于对原有体制作细枝末节的修补，而是着眼于长远的体制机制创新，为推进制度建设提供恒久的保证。这就要求必须不断改革党的纪律检查体制，强化制约、强化监督、强化公开，完善反腐败体制机制；必须继续落实党委的主体责任和纪委的监督责任，强化责任追究，不能让制度成为纸老虎、稻草人；必须在各项改革举措中体现惩治和预防腐败要求，注意配套和衔接、时序和步骤，堵塞一切可能出现的腐败漏洞。

捕

为官失本真，肆意把手伸。
贪图名和利，必成网中人。

捕

领导干部一旦放松自我要求，便很难守住廉洁自律底线，以权谋私的胆子也会越来越大。在利益输送下，开始沉迷于对权、钱、色的追求。须知，当你专心致志于这些时，一张天网已悄然撒下，正所谓："为官失本真，肆意把手伸。贪图名和利，必成网中人"。

习近平总书记在 2008 年中央党校的春季学期开学典礼上说："现在，我们党在全国执政已近六十年，又处在改革开放的环境中，领导干部面临的各种诱惑增多，受到外部各种消极因素的影响增多，能否干干净净干事是每一位领导干部经常面临的重大考验。"

干干净净干事就是要对党纪国法心存敬畏，对人民群众心存敬畏。如果对此全不在乎、不在意、无所谓，那么早晚会出事。领导干部要时时刻刻做到心中有戒、心中有法，只有如此，才不会被不法分子"围猎"而束手就擒，更不会在铁窗中孤独懊悔、唏嘘不已。

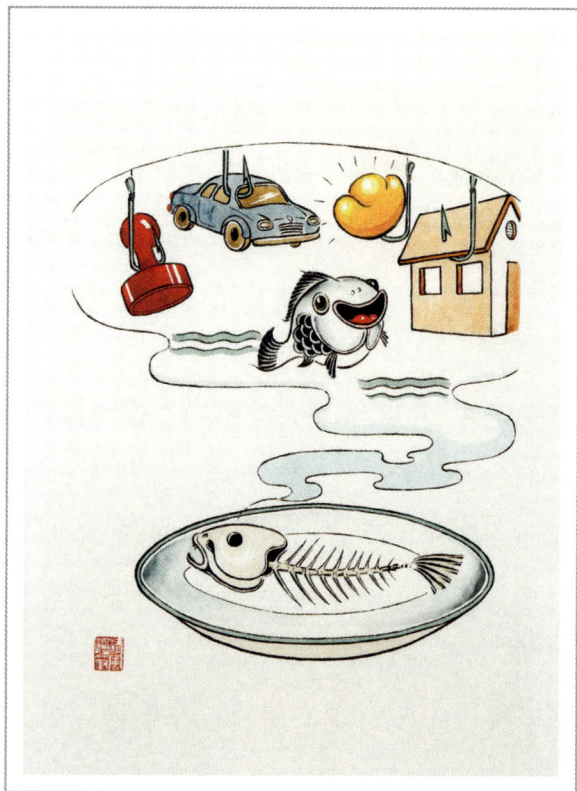

悔不当初

游鱼儿见食不见钩，都只为半纸功名一笔勾。

急回头，两鬓秋。

——（元）不忽麻：《天下乐》

悔不当初

"贪似火，无制则燎原；欲如水，不遏必滔天。"这是习近平总书记在中国共产党第十八届中央纪律检查委员会第三次全体会议上向全党发出的警示。

人从欲中生，孰能无欲？但贪婪的欲望一旦打开，就如同打开了潘多拉魔盒，一发而不可收拾。古往今来，私欲不知毁掉多少人的功名事业，让多少人身败名裂。人生在世，一旦眼红他人的锦衣玉食、灯红酒绿，就必然管不住自身的欲望而放纵自己，于是什么鱼饵都敢去咬、去吃，到头来只会落得"盘中餐"的下场。

从善如登、从恶如崩。作为领导干部，更应克制私欲，树立正确的人生观，知足不辱，知止不殆。对金钱名利看得开一些，看得淡一些。在利益诱惑面前，讲党性、守规矩，不触碰任何底线，不逾越任何红线，永葆共产党人政治本色。在纷繁复杂的社会生活中保持谦虚谨慎，以高尚的情操，真正做到一身正气、两袖清风。

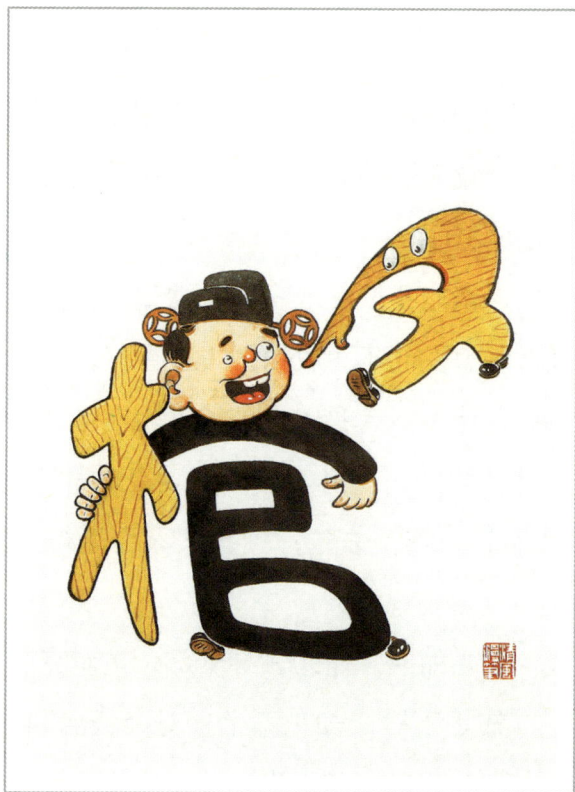

权禁私用

用权为民事业兴，用权于私事业损。

贪官必遭群众怨，"官""棺"两字已相混。

权禁私用

权字由"木"和"又"组成，但倘若一位官员以权谋私，把"权"中的一部分抽出来据为己有，那么这位官员差不多已在自掘坟墓。自鸣得意之时，有可能正是穷途末路之际。

权从何来？为谁所用？我国宪法明确规定，一切权力属于人民。权力是服务人民的工具，不是个人享受的资本，更不能以权谋私。习近平总书记在浙江工作时曾对权力的使用提出鲜明的观点："正确行使权力，掌权为公、用权为民，则群众喜、个人荣、事业兴；错误行使权力，甚至滥用权力，掌权为己、用权于私，则群众怨、声名败、事业损。"

孟德斯鸠也有一句名言："一切有权力的人都容易滥用权力，这是万古不变的一条经验。有权力的人使用权力一直到遇有界限的地方才休止。"而要明确权力行使边界，就得清晰地划出为民与为己、为公与为私的界限。只有一切以人民的利益为中心，坚持权为民所用、利为民所谋，这才是权力的王道。

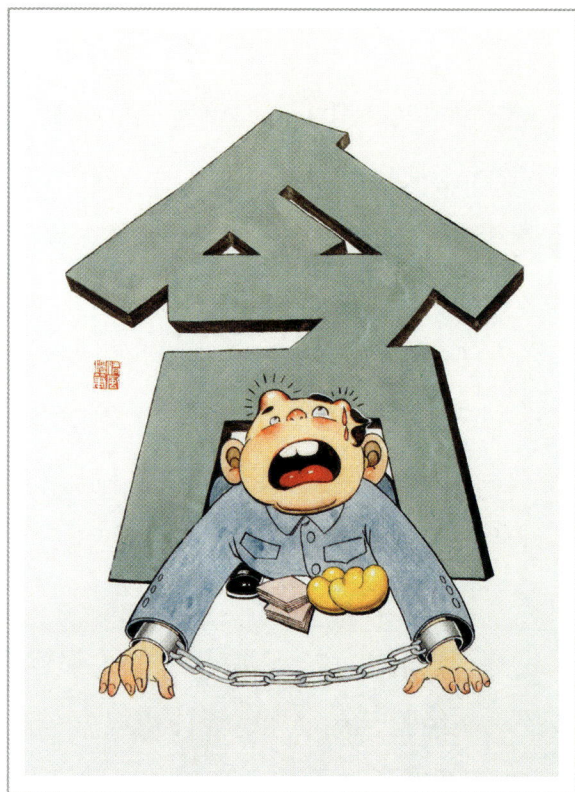

下　场

一入贪门深似海，从此沦为图圄人。

下　场

"一入贪门深似海，从此沦为囹圄人。"对每一位领导干部而言，一个简单的"贪"字，就如同一座大山，一旦深陷其中，纵有万般能耐，亦无法自拔。

习近平总书记在中国共产党第十八届中央纪律检查委员会第二次全体会议上说："我们党严肃查处一些党员干部包括高级干部严重违纪问题的坚强决心和鲜明态度，向全党全社会表明，我们所说的不论什么人，不论其职务多高，只要触犯了党纪国法，都要受到严肃追究和严厉惩处，决不是一句空话。"

凡官员涉贪，不外乎他们的人生观、价值观发生了扭曲，把从政的目标定位在"当更大的官"上，定位在"获更大的利"上，不惜痛下成本去博取更大筹码。权力不是工具，更不是赌具，如果把权力作为名利场，抱着唯利是图的心态，去赌一把、搏一搏，就难免走火入魔，迷失心智理性，从而走上违纪违法的不归路，结局只会是加速灭亡。

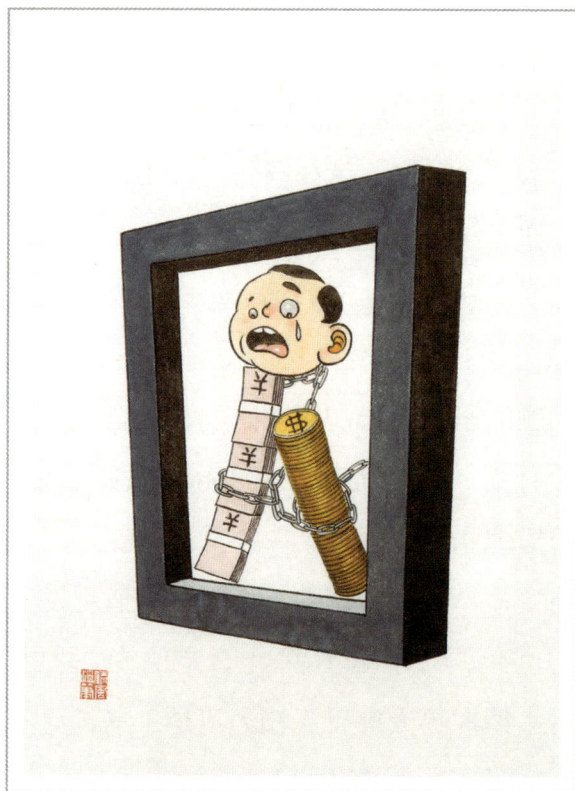

囚

盗帑者覆，蠹国者囚。

囚

"国"者，四境之内，陈有玉器珍宝，方可为国。人人其中，窃玉为私，谋利于己，便成了"囚"。正可谓"盗帑者覆，蠹国者囚"，若有敢滥用公权、侵吞国帑者，必受贪念之累，沦为阶下之囚。

"盗帑"者可有种种，借职务之便蚕食侵占者有之，伪造材料冒领窃取者有之，恶意压低或抬高交易价格实现财产转移者亦有之，夫唱妇和"夫妻档"者有之，工作往来内外勾结者亦有之。不论金额多少或职务高低，"盗帑"之监守自盗的行径，不仅造成国有资产损失，更造成恶劣的社会影响。

"欲"不设防必成"狱"。这类问题出现的原因，从某个角度讲在于党员干部的党性修养不够，对党规党纪以及法律严肃性的认识存在偏颇。其心不正，其行何端？正如习近平总书记在全国党校工作会议上所讲的，"如果把党章和党规党纪学好了、掌握了，又自觉遵守了，防患于未然，就可以防止一些干部今天是'好干部'、明天是'阶下囚'的现象。"

群众纪律

两面人

对上极献百媚，对下尽摆官威。

左右皆耍手段，原来良知早霉。

两面人

表里如一、言行一致，这是为人之基本，也是我们党对领导干部的一贯要求。然而有些领导干部，将其丢置脑后，反其道而行之，他们对上极献百媚，对下尽显官威，左右皆耍手段。正所谓"台上台下两个形象，人前人后两种表现"。这种行为极具迷惑性和欺骗性，所以对党和人民事业的危害性特别大。待到东窗事发，这号人往往已成为大奸巨贪，让人大吃一惊而难以置信。

习近平总书记多次说过此类问题，"大量案件表明，党内有一些人在这方面问题很突出。有的修身不真修、信仰不真信，很会伪装，喜欢表演作秀，表里不一、欺上瞒下，说一套、做一套，台上一套、台下一套，当面一套、背后一套，手腕高得很。"

党章明确规定，"反对阳奉阴违的两面派行为和一切阴谋诡计"。"两面人"的症结就在于世界观、权力观、事业观出了问题。因此，增强政治警觉性和政治鉴别力，是我们的当务之急。身为领导干部，必须要对组织坦诚，自我约束，言行一致，自觉维护党和政府的形象，才能真正赢得群众信赖。

网民不是妄民

网上万千言，亦是百姓愿。
真诚受监督，勿有抗拒心。

网民不是妄民

"网民来自老百姓，老百姓上了网，民意也就上了网。……对网上那些出于善意的批评，对互联网监督，不论是对党和政府工作提的还是对领导干部个人提的，不论是和风细雨的还是忠言逆耳的，我们不仅要欢迎，而且要认真研究和吸取。"这是习近平总书记针对网络理政提出的新要求。

"网上万千言，亦是百姓愿。真诚受监督，勿有抗拒心。"网络已成为民意表达的一种新渠道。由于网络的特殊性，这种表达有可能更犀利、更多元，也更难把握。因此，有些领导干部对网民建议抱有否定情绪，将网民视为妄民，对网情不是吸纳而是排斥。

网络理政是对各级党政机关和领导干部提出的新要求，也是互联网思维所带来的工作方式之转变。要善于把网络作为开展工作、推动发展的新工具、新方法；通过网络来走群众路线，既上网访民情，又下网解民忧；对网络应拥抱而非抵触，应投入而非拒绝。只有如此，才能在不同的声音中理性思考、民主决策、科学施政。

"瘫"官

乌纱玉带俨然官，此翁原来泥半团。

忽然将你来打碎，通身上下无心肝。

——（明）徐文长：《不倒翁》

"瘫" 官

"乌纱玉带俨然官，此翁原来泥半团；忽然将你来打碎，通身上下无心肝。"此诗出自明朝徐文长的《不倒翁》，用来印证现实中的某些官员，似乎并不为过。恰如习近平总书记所说的："有的门难进、脸难看、事难办，口号响当当、服务冷冰冰、办事慢腾腾，尤其是普通群众办事难上加难。"

领导干部的一言一行，直接影响到党和政府的形象。而这种"口号响当当、服务冷冰冰"的现象，往往都是标语口号铺天盖地，办起事来却是截然不同，甚至是不送礼不办事，送了礼乱办事。试问，这种官员的心肝何在？

因此，我们必须紧抓作风建设不放松，从群众最关心、最迫切的问题入手，治理种种为群众所诟病的不正之风，把改进作风、确保成效落实到基层，真正让群众受益，努力取得人民群众满意的实效。

推挡有术

推拉攻杀削挑搓，桩桩琐事尽推脱。
权本民生为民用，奈何颠倒把民作。

推挡有术

"你这个事情不归我们管，你问我也不知道。""你这个是历史遗留问题，就是找领导也没办法。""没文件依据，我们也爱莫能助。"政府部门之间推诿扯皮，遇到事情绕着走，遇到责任尽量撇清，如此尸位素餐也难怪百姓深恶痛绝。

习近平总书记也曾点明："有的对实际情况不了解不关注，不愿深入困难艰苦地区，不愿帮助基层和群众解决实际问题，甚至不愿同基层和普通群众打交道，怕给自己添麻烦，工作上敷衍塞责、推诿扯皮、得过且过。"

有权必有责，权有多大责就有多大。推诿扯皮就是不负责任，就是失职。在许多时候，推诿扯皮和渎职犯罪也仅有半步之遥。无论部门或个人，都要坚持权用于民，用心为百姓办实事。那些以"部门规定"等种种借口为挡箭牌，遇事"踢皮球""打太极"，造成人民群众办事难的怪象应该休矣。

"混"与"毙"

一张报纸一包烟，优哉游哉又一天。

如此下去会怎样？危险！

"混"与"毙"

习近平总书记曾指出："有的拈轻怕重，安于现状，不愿吃苦出力，满足于现有学识和见解，陶醉于已经取得的成绩，不立新目标，缺乏新动力，清茶报纸二郎腿，闲聊旁观混光阴。"

"一张报纸一包烟，悠哉游哉又一天。"这样的干部，工作没有目标，做一天和尚撞一天钟，对于本职工作敷衍应付，不是推脱，就是躲闪。这无疑是缺乏职业认可感和成就感的表现。

人一旦随波逐流，"混日子"也就成为常态。"混日子"肯定会消磨人的意志，让人变得懒散拖沓，对自己对工作都是极其不利的。作为一名公职人员，应该克服懒惰思想，时刻保持一种积极乐观的心态和为人民服务的情怀，把为人民服务作为己任，主动承担职责、干好工作，而不应该抱有"混日子"的消极心态，不然就只会被社会所淘汰，为民众所唾弃。当然，你也尽可以继续"混"下去，只是得小心，因为如此下去，离"毙"字也就不远了。

提"钱"预约

衙门八字朝南开，有理没钱莫进来。

——（西汉）司马迁：《史记·律书》

提"钱"预约

经济新常态下，政商关系同样亟待构建"新生态"。习近平总书记曾经提到："有的对上吹吹拍拍、曲意逢迎，对下吆五喝六、横眉竖目，门难进、脸难看、事难办，甚至不给钱不办事，收了钱乱办事。"

把人民赋予的权力，用到谋取私利上，用到向企业"吃拿卡要"上，甚至是不给钱不办事，给了钱也未必能办成事，这是何等丑陋！有些官员，一看到企业家赚大钱心理就不平衡，就挖空心思要从中捞取好处，于是权力之手便伸得老长老长。你给我钱财，我替你消灾，天知地知，似乎也是皆大欢喜。殊不知如此行为，会将自己推向牢狱之路，也严重损害了政府为民服务的形象。

领导干部面对纷繁的物质利益，须要做到君子之交淡如水，"官""商"交往要有道，要守住底线，切不可勾肩搭背、不分彼此，要划出公私分明的界限。

丝丝相连

简政放权遍九州，几家欢乐几家愁。
若是换汤不换药，终有铁纪把责究。

丝丝相连

2014 年 7 月，习近平总书记在给福建企业家的回信中提到："当前，各级政府正在加快转变职能、大力简政放权，目的之一就是让市场更好发力，让企业创新创造源泉更加充分涌流，这是又一次重要的'松绑'放权，也是企业家更好发挥智慧力量的历史新机遇。"

政府部门简政放权，就是要把"改革红利"不断释放给百姓。但总有一些利益集团，习惯于躺在利益"温床"上收钱，对于中央三令五申的简政放权要求，心不甘、情不愿，采取"太极"功夫予以应付，拖着磨着扛着，或索性就把"权"下放给与自己有利益关联的指定中介机构，让他们扮演"二政府"的角色，钱照收，甚至趁机暴涨收费标准。

移花接木也好，暗度陈仓也罢，这些手法都是"官本位"的丑陋表现。本是让利于民的制度改革，反倒增添了社会成本。难怪民众怀疑这些中介机构与政府部门有着千丝万缕的联系，也因此愤而称之为"官中介"。

钱串子

铜钱加身气焰嚣张，手握官权为虎作伥。
横行霸道无法无天，群众胆颤难近身旁。

钱串子

习近平总书记在中国共产党第十八届中央纪律检查委员会第六次全体会议上指出:"腐败分子往往集政治蜕变、经济贪婪、生活腐化、作风专横于一身。"

领导干部也是社会的一员,职务有高低之分,分工千差万别,但都是人民的勤务员,人格上绝无高低贵贱之分。只是有些官员总摆脱不了等级观念,喜欢搞"一言堂",称王称霸、说一不二,顺我者昌、逆我者亡。他们把个人凌驾于组织之上,随意发号施令,不顾党纪国法,排斥打击报复有不同意见者,肆意侵犯他人合法权益。如此做派,严重破坏了党在人民群众心中的形象,让群众胆颤心惊,唯恐躲之不及。

矫治霸道,就要求各级政府切实加强制度建设,增强制度的执行力。要做到执行制度没有例外,不留"暗门",不开"天窗",严格维护制度的严肃性和权威性,坚决纠正有令不行、有禁不止的行为。

听

一心揣摩上级意图，俯首帖耳唯恐有疏。
充耳不闻群众疾苦，芝麻小事休挡我路。

听

习近平总书记说过，一切工作"要以人民群众利益为重、以人民群众期盼为念，真诚倾听群众呼声，真实反映群众愿望，真情关心群众疾苦。要坚持工作重心下移，深入实际、深入基层、深入群众，做到知民情、解民忧、纾民怨、暖民心，多干让人民满意的好事实事，充分调动人民群众的积极性、主动性、创造性"。

但有些干部，天生两副面孔。在其看来，群众呼声再大，也不过是芝麻小事，故而可以漠不关心、"充耳不闻"；而领导指示再小，也事关重大，因此要一心揣摩，而且"俯首帖耳唯恐有疏"。

如此嘴脸，何故？无非是为了官路畅通。不在乎人民公仆之本分，把党的宗旨、法规法纪抛在脑后，而对上级曲意逢迎、极尽讨好巴结之能事，日后的腐败堕落也属必然。其本末倒置，根子在于干部的晋升考核中对群众满意度的考量还远远不够，或者群众完全没有发言权，或者听取群众意见只是走走过场，没有实效。如此一来，也无怪乎有的干部"唯上"不"唯民"了。

凹凸镜

一凹一凸两面镜，一放一缩已变形。

心无宗旨因何故，只为自身利和名。

凹凸镜

无视群众的要求而一味迎合上级领导的喜好，此种人多矣。习近平总书记对此评价道："这些思想和行为同马克思主义权力观背道而驰。如果奉行这样的权力观，不可能不出问题、不犯错误。"

权力是一种带有磁性的资源，在它的周围，总会聚集起一些"忠实"的拥趸，有的是对权力有所求，有的是对权力存有敬畏，正是诸如此类的行为，惯出了部分干部的"官场毛病"，也异化了一些地方的政治生态。于是工作中踏实肯干的得不到重用，善于钻营者反倒容易得到提拔，也就成了见怪不怪的现象。

"巧言令色，鲜矣仁。"领导干部首先要端正自己的思想，绝不干奉迎拍马这一套，同时，也要保持清醒的头脑，深刻认识到肩上担子的分量，坚守为官做事原则，切忌被甜言蜜语所惑、被溜须媚行所迷，绝不能让手中的权力成为权势献媚的筹码，给奉迎拍马者以可乘之机。

扶贫之醉

尚未扶贫先扶瓶，看似为民实为名。

扶贫之醉

　　"精准扶贫"是新时期党和国家扶贫工作的亮点和精髓。随着国家对扶贫领域投入力度的加大，基层干部可支配的资金来源也越来越广，扶贫领域不正之风和腐败问题开始凸显，或挪用扶贫款，做些"尚未扶贫先扶瓶"的勾当；或借扶贫之名，图自身名利之实，露出了"看似为民实为名"的丑态。

　　"扶贫资金是贫困群众的'救命钱'，一分一厘都不能乱花，更容不得动手脚、玩猫腻！"习近平总书记在中央扶贫开发工作会议上的讲话振聋发聩。

　　要想让老百姓看到，党和政府是真扶贫、扶真贫，就得加大扶贫领域反腐工作力度，推进信息公开，实现扶贫全程留痕；建立专门的举报平台，让老百姓提供腐败线索；集中通报典型案例，既严查惩处以减少扶贫领域腐败存量，又通过完善体制机制遏制腐败增量。

职责不清

桩桩琐事太劳神，无奈多是非本分。

如若职责按规分，又何须，忙坏区区一个人。

职责不清

习近平总书记提出："要最大限度减少政府对微观事务的管理。对保留的审批事项，要推行权力清单制度，公开审批流程，提高审批透明度，压缩自由裁量权。"

法无授权不可为，这是严格执法的首要之义。除却相关制度规定本身欠完善，当前行政执法所出现的某些乱象，在一定程度上与有些部门机构重领导讲话、轻法律法规有关。如此，不仅加大了执法难度，更不利于依法治国的建设。

行政机关必须理顺政府部门之间的权责关系，划清政府和市场之间的权力边界，建立权力清单、责任清单和负面清单，优化行政权力运行流程，明确什么该做，什么不该做，该怎么去做，该做到哪一步，从而构建权界清晰、权责一致、运转高效、法治保障的政府职能体系，努力建设法治政府、责任政府、服务政府和廉洁政府，进一步规范执法行为、树立良好执法风尚、优化发展环境。

后羿射日

简政放权利箭出，似沐春风心底舒。
换得市场添活力，深化改革畅通途。

后羿射日

习近平总书记曾强调："坚持社会主义市场经济改革方向，核心问题是处理好政府和市场的关系，使市场在资源配置中起决定性作用和更好发挥政府作用。"转变职能、简政放权，是政府的自我改革，如同传说中的后羿射日，将那些多余的行政审批流程射下来，简化了群众的办事程序，减轻了大众的创业压力，增添了市场的活力。

当前，不少地方政府"不愿放权""害怕晒权"的管家思想仍然根深蒂固，或通过玩数字游戏来"和稀泥"，或用不同方式搞"明放暗不放"，导致"证明你妈是你妈"的怪现象还时有发生。一些习惯"批字""盖章"的干部甚至出现了"不审批不知道干啥"的不适应症，造成简政放权堵在"最后一公里"。

"身子转，头更要转。"中央的顶层设计，考验着各级政府部门和领导干部深化改革的决心与胆识。领导干部要自觉把思想和行动统一到中央关于全面深化改革的重大决策部署上来，从思想上厘清政府与市场的关系，打通简政放权的"最后一公里"。

新夸父

一桩小小买卖，要把多少章盖。

今天这个不在，明天那个出差。

任你夸父之才，也只叹声无奈。

新夸父

君不见在政府过度监管的状况下，群众办事有多难，就像夸父追日一般，为了一枚枚印章而疲于奔命。正如坊间所言："一桩小小买卖，要把多少章盖。今天这个不在，明天那个出差。任你夸父之才，也只叹声无奈。"

深化经济体制改革，核心是处理好政府和市场的关系，关键是加快转变政府职能，该放的权一定要放足、放到位，该管的事一定要管好、管到位。对此，习近平总书记强调："新形势下，各级干部特别是领导干部要坚持在实践中深化学习、在学习中深化实践，不断研究新问题、总结新经验，学会正确运用'看不见的手'和'看得见的手'，成为善于驾驭政府和市场关系的行家里手。"

要想大幅度减少政府对资源的直接配置，推动"放管服"改革向纵深发展，必须加大简政放权力度，以政府权力"减法"换取市场活力"加法"，以政府让利换取市场红利，为市场松绑。如此，才能真正激发市场活力，发挥百姓创业激情。

浇

浇水当时节，逢旱乃发生。
本是黄梅时，奈何落纷纷。

浇

针对当前的服务型政府建设，习近平总书记曾强调："市场决定资源配置是市场经济的一般规律，市场经济本质上就是市场决定资源配置的经济。健全社会主义市场经济体制必须遵循这条规律，着力解决市场体系不完善、政府干预过多和监管不到位问题。"

只叹有些地方政府至今仍热衷于直接干预企业的具体经营事务，征地、技术改造、试制新产品，无不事必躬亲。甚至直奔政绩主题，亲自操刀为企业谋划中看不中用的"发展蓝图"，让人啼笑皆非。

对于企业来说，真正的服务型政府应是营造优良环境，实施宏观管理。而过度的"热心"，只会拖累市场，增加企业负担，阻碍统一开放、竞争有序的市场体系形成，甚至成为地区封锁和市场分割的"美丽"借口。

因此，各级政府应及时调整服务型政府结构，把握服务内容与服务范围的合理限度，明确到底为谁服务、服务什么、服务到何种程度，使地方政府服务侧重点、梯度层次与社会发展状况相匹配。

迷 宫

心慌慌，意彷徨，优质服务深宫藏。
路茫茫，途悠长，一次办结又何妨。

迷 宫

习近平总书记曾指出:"乡镇社区、企事业单位和窗口服务单位都要把为民服务工作搞好,要以百姓满意不满意为标准改进工作、改善服务,提高服务水平。……为民服务不能一阵风、虎头蛇尾,不能搞形式主义。"

现实中,有些地方政府的便民政策几成摆设,承诺不兑现,服务质量仅仅挂在嘴上。挂出了便民招牌却不便民,不仅在客观上浪费了行政资源,还让真正有求于"便民中心"的群众,因这个"政绩工程"而耗费了时间、多走了弯路。

便民服务不能当摆设,不能成为点缀政绩的"盆景",更不能成为戏谑群众的"幌子"。政府要不断转变职能,党员干部要不断增强服务意识,真正厘清"公仆"的含义,在便民服务上真下功夫。只有推动政府部门行政效能的提高和公共服务的改善,让群众切实体会到政府提供的便利,才能塑造政府为民务实的良好形象。

工作纪律

为政之道

当官总把政绩求，劳民不休，劳民不休，为出政绩强作秀。

群众基础不可丢，务实为首，务实为首，人去政声芳名留。

为政之道

"政绩工程"由"政绩"派生而来，却与"政绩"有着本质的区别。"政绩"是"为官一任，造福一方"，是为党和人民工作的实际成效。而"政绩工程"，则是在政绩里掺进了个人的虚荣心和政治的功利性成分，甚至被一些人当成邀功升迁的"垫脚砖"。习近平总书记曾指出，"有的搞'形象工程'、'政绩工程'，换一任领导变一套思路，负债累累、寅吃卯粮，只顾眼前、不顾长远"。新官上任，对发展思路做出调整无可厚非，但动辄"翻烧饼"，资源重新配置，就会造成人力财力浪费，致使政府公信力受损。

有的干部对劳民伤财的"政绩工程""形象工程"宠爱有加，但对关乎群众切身利益的"民生工程""惠民工程"却不闻不问，挖空心思谋求上级"政治资源"，面对来信来访群众却"横眉冷对"。本质上与党员干部为民、务实、清廉的廉政要求背道而驰，反而人为地把自己的"一己私利"和广大人民群众的"根本利益"割裂开来。长此以往，不但会为腐败的滋生埋下"祸根"，还会疏远党群干群关系，损坏党和政府的形象。

催　眠

唯唯诺诺，影影绰绰，是是非非惑惑。

凡事顺着你说，听着快活。

终有一朝深宫锁，早不识人间烟火。

催 眠

"党内不准搞拉拉扯扯、吹吹拍拍、阿谀奉承",这是《关于新形势下党内政治生活的若干准则》提出的明确要求,也是规范党内同志间关系的重要守则,目的是防止党内关系庸俗化,更好地净化党内政治生态。

党中央历来高度重视倡导清正纯洁的党内关系,反对各种庸俗交往方式。党内关系庸俗化,使一些领导干部习惯于听好话、听恭维话,形成独断专行、颐指气使的家长作风,无形中破坏了党性原则、淡化了群众感情;也使一些基层干部变得唯唯诺诺,养成取悦领导的恶习,甚至成为领导的"家臣"。党内关系庸俗化背后往往是个人利益在作祟,极易成为滋生腐败的土壤。

形成清正纯洁的党内关系,制止拉拉扯扯、吹吹拍拍、阿谀奉承现象,关键要管好领导干部手中的权力,正确处理党内关系,切实加强党性教育、强化党性原则,坚持秉公用权、规范用权,把权力关进制度的笼子,让权力失去徇私舞弊的空间。尤其是要完善选人用人体制机制,坚持注重实绩、群众公认,不让老实人吃亏,而让那些拉关系、走门路的人无利可图。

忘　本

君本池中物，应把害虫捕。

若是图虚名，正业谁来务。

忘　本

有些领导干部，并无心思将精力放到自己的本职工作中，而是热衷于在社会团体中兼职，导致一些社会组织干部扎堆，官味儿十足，差不多成为退休官员权力的"缓冲区"，或在职干部权力的"延伸带"，甚至沦为腐败的"灰色圈"。

领导干部兼职难免会妨碍本职工作的履行，而一旦与本职工作发生利益冲突，就会影响到公正和公平，同时也影响到公务员的形象。对此，习近平总书记曾说："领导干部现在都很忙。忙什么？绝大多数同志在忙改革发展稳定的大事、实事，忙保障和改善民生的急事、难事。也有一些同志在忙形式主义的会议、讲话，忙迎来送往的仪式，忙个人的事情。"

"一官不能二任"是官员的一种基本的行为规范。公职人员掌握着公共资源分配权，这些公共属性就决定了公职人员必须忠于职守，不能完全凭借个人喜好在社会组织中兼职。假若如此，就难免产生灰色地带，为权力腐败大开方便之门。

按下葫芦浮起瓢

全力整治问题揪，捷报频传把网收。
这边忙开庆功会，那边问题又抬头。

按下葫芦浮起瓢

针对当前社会上存在的某些特殊问题或现象，由一个部门或者多个部门联合，在短时间内从重从快地进行声势浩大的"专项整治"行动，确实能够取得预期的效果。因此，"专项整治"似乎就成了一些地方政府惯于用来突击解决各种"疑难杂症"的万能药。

然而，"专项整治"由于其短期性和非常规性，往往治标不治本，于是"运动"过后，问题又会卷土重来，反弹如常，甚至会进入变本加厉的恶性循环。正所谓："全力整治问题揪，捷报频传把网收。这边忙开庆功会，那边问题又抬头。"

对此，我们不能只看表面现象，要用联系和发展的眼光看问题，要以点带面，更要以面促点，不能仅仅着眼于一个问题的解决，更要推动长效机制的建立，让问题解决更趋常态化。我们要深刻领会习近平总书记所说的，解决问题"要学会弹钢琴，把握好各项改革任务的关联性和耦合性，避免畸轻畸重、顾此失彼，避免各行其是、相互掣肘。"

自行车

出工不出力，看人费力气。

瞧我多自在，车子轻松骑。

自行车

基层有一种人，整天混时度日，在岗不在状态，出工不出力，出力不尽力。领导决策不献一计，同级会商不见一词，下属请示不发一令；他们"混"字当头，得过且过，无所作为；办事拖拉、工作推诿、纪律涣散、满于现状、贪图安逸、作风漂浮，成为"占着位子不干事，拿着工资不出力"的"南郭先生""山寨领导"。

习近平总书记说，工作要求实效，就是要求雷厉风行、狠抓落实，不抓则已、抓则必成，做出实实在在的业绩，不好大喜功、不做表面文章、不搞花架子。

产生"混字辈"的原因有很多，客观上有的是基层力量严重缺乏，上级机关人浮于事、机构臃肿；有的是考核体系不科学，没有建立能上能下的退出机制。但无论如何，在其位就得谋其政。公职人员务必要发扬"钉钉子"精神，拿出拼劲和韧劲，决不能自我放松，让思想滑坡、行为堕落。倘若放低自我要求，无疑就会与渎职挂起钩来。

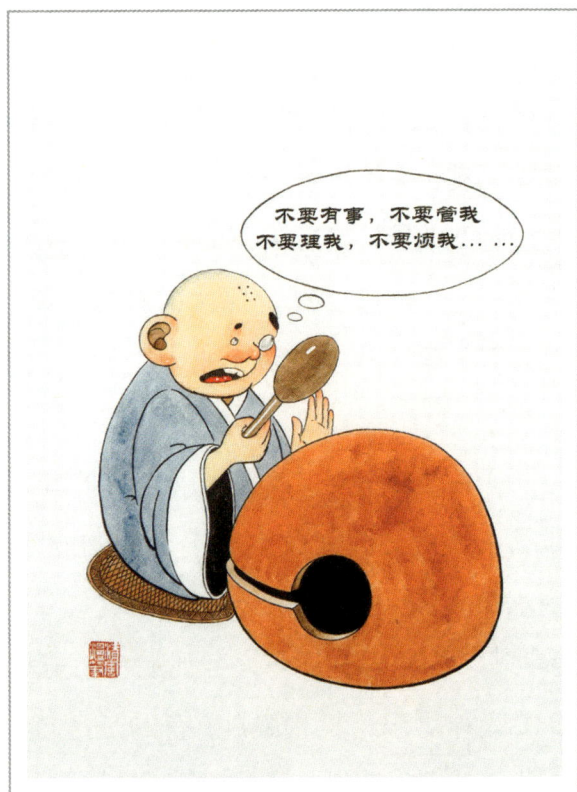

念　经

敲东敲西，敲不出正经名堂。
念来念去，念的是糊涂文章。

念　经

习近平总书记曾告诫领导干部："都要拎着'乌纱帽'为民干事，而不能捂着'乌纱帽'为己做官。"

有些领导干部安于现状，不思进取，得过且过；面对群众需求，有的装聋作哑，多一事不如少一事，事不关己，高高挂起；有的推诿拖沓、议而不决、决而不行；有的胆小怕事，凡事犹豫不定，畏首畏尾。正所谓做一天和尚撞一天钟，平日里一边机械地敲着木鱼，一边嘴里还在念叨："不要有事，不要管我，不要理我，不要烦我……"如此做派，就算你整日里敲东敲西，也敲不出正经名堂；念来念去，念的也都是糊涂文章。长此以往，必然侵蚀党的执政之基、损害干群关系、阻碍改革发展。

当官必须有为，无功就是过错。为官者，不惟在位谋政，更当恪尽职守；不惟胜任本职，更当奋发作为；不惟洁身自好，更当造福一方。唯有奉此道理，才能无愧于人民赋予的公权。

守株待果

他人辛劳我闲呆，不管劳作只管摘。

权力在手我最大，坐享其成是应该。

守株待果

功崇惟志，业广惟勤。美好生活靠劳动创造。

习近平总书记号召我们："要在全社会大力弘扬劳动精神，提倡通过诚实劳动来实现人生的梦想、改变自己的命运，反对一切不劳而获、投机取巧、贪图享乐的思想。"

领导干部是推进党和人民事业的中坚力量，是团结和带领广大群众干事创业的开路先锋，就应发挥表率作用，克己奉公、廉政勤政，关心人民疾苦，为人民办实事，把精力体现在"干"上。

古人云："当官不为民做主，不如回家卖红薯。"为官一任，为政一方，如果在其职而不谋其政，坐享其成、不劳而获，在人民群众辛苦干事创业之时，却坐收渔利、不思进取，甚至推过揽功，不作为、不想为、不敢为，窃取百姓的劳动成果，只会招来百姓的唾弃。

"以苟活为羞，以避事为耻。"全面深化改革和推进国家治理现代化已经进入攻坚期与深水区，领导干部应该做到守土有责，切实做好职责范围内的事，以一身正气自觉干在前头。

毫无心思

工作与我何干，生不带来，死不带去。
钱财让人心安，享也靠它，乐也靠它。

毫无心思

恪尽职守是对国家公务人员的素质要求，也是践行公仆意识、全心全意为人民服务的行动基础。但总有一些干部习惯于松散怠慢，视工作纪律如儿戏，正如习近平总书记所提到的，"工作不专心，在位不在岗，天天'走读'，有事找不到人，领导职责空置"，等等，不一而足。问其缘由，倒也坦然：工作与我何干？生不带来死不带去！

在这些人看来，工作时间串串岗、上上网、聊聊天无伤大雅，何必"上纲上线"，却不知积小患成大疾，最终形成作风涣散的坏习惯，阻碍了事业的顺利发展。

细节决定成败。作为党员干部，良好的工作作风体现的不仅是个人的职业素养，更代表着整个党政机关的形象。群众对此的优劣评判，往往始于一个人、一件小事、一分态度。因此，我们必须把工作置于严格的监督之下，对违反纪律的"小事"持"零容忍"态度，发现一起即通报查处一起，真正根治个人思想上的不以为然。唯此，才能营造出严肃认真的工作氛围。

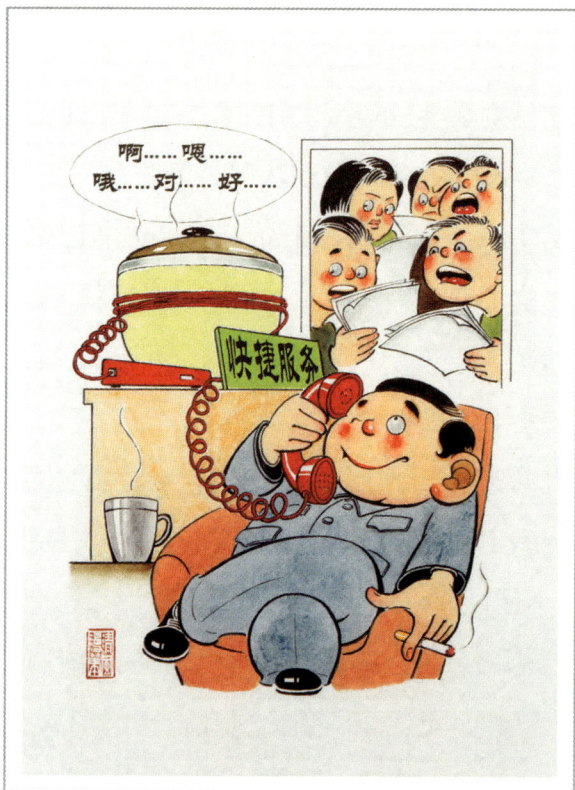

煲电话粥

自古衙门路难走，一路等候，担惊发愁。

无事谁愿四处求？急待归去，无意久留。

花自飘零水自流，一通电话，熬熟了粥。

小事亦能伤人透，皱了眉头，凉了心头。

煲电话粥

现实中，有些公职人员尤其是窗口工作人员，在工作时间打电话就像煲粥一样漫长，只顾自己电话唠家常，着实让前来办事的民众头痛而无奈。

对这种"煲电话粥"者，习近平总书记在党的群众路线教育实践活动第一批总结暨第二批部署会议上就曾点名批评过："办事拖拉、推诿扯皮，浑浑噩噩混日子。"只是有人觉得，上班时间打打电话、上上网都是些鸡毛蒜皮的小事，离大贪大腐还差得远，上不了纲，上不了线，殊不知工作人员的一举一动不仅仅是个人行为，它代表着一个群体，属于公众形象。而其责任心、事业心和工作态度，则能折射出与百姓的情感之疏密。

严肃工作纪律要从小处细处着手，特别是从党政门面——窗口部门着手，内树宗旨，外立规矩，千万不能让"机关窗口"与"办事难"画上等号，更不能让人民群众把"党员干部"与"喝茶聊天看报纸"画上等号。

阔斧破难

攻坚克难利刃锋，劂玉如泥痼疾崩。
软硬骨头皆不怕，改革路上尽驰骋。

阔斧破难

"我们要坚持改革开放正确方向，敢于啃硬骨头，敢于涉险滩，既勇于冲破思想观念的障碍，又勇于突破利益固化的藩篱。"这是习近平总书记向全党和各级领导干部发出的动员令。

改革和发展中难免会遇到各种矛盾和问题，迎难而上，敢于面对这些矛盾和问题并认真探索解决之策，才能体现领导干部的胆识。但现实中有些官员，故意回避矛盾，遇到困难绕道走，见到难题就躲避；或报喜不报忧，有了矛盾推责任，出了问题捂着拖着。如此做派，可以说已全无共产党人的本色。

身为党员干部，就得有一股闯劲与勇气，敢于、善于啃"硬骨头"。啃"硬骨头"，要有能力和魄力，敢抓敢管、善做善成，不做"老好人"，不当"太平官"。只要是有利于人民利益的事，就敢于承担责任和风险，不退缩、不扯皮，用心谋事、尽心干事，切实履行好推动经济社会发展、维护人民群众利益的神圣使命。

保　密

绝密机密秘密，混日子何来秘密？

窃密失密泄密，岂止是疏忽麻痹。

保　密

作为入党誓词的一部分，保守党的秘密，是共产党员所必须严格遵守的。习近平总书记在同中共中央办公厅各单位班子成员和干部职工代表座谈时，也专门指出"要严守党的秘密，做到守口如瓶、防意如城"。

但现实中有些干部对此并不以为然，似乎只要让"秘密"锁进保险箱，便事事无忧，可以摇头晃脑地坐享"太平无事"了，殊不知秘密早已在不经意间被不法分子偷走，正可谓"绝密机密秘密，混日子何来秘密？窃密失密泄密，岂止是疏忽麻痹"。

严守党的秘密，要严格执行"谁主管、谁负责"的原则，做到分工明确、责任到人。一方面，要杜绝祸从口出，不该说的坚决不说，绝不"漏风"；另一方面，对于涉密的文件材料，严格落实制度要求，安排专人负责、专人管理，从机制上消除泄密的可能性。概而言之，要做好保密工作，务必要绷紧责任这根弦，以十二分的小心，以防范失密。否则，大错铸成，悔之晚矣。

论政绩

一任领导一阵风，修路造楼走马灯。

我到任时非前任，现任不喝前任羹。

论政绩

习近平总书记在中央党校县委书记研修班上曾提出，"对定下来的工作部署，要一抓到底、善始善终。要有'功成不必在我'的境界，像接力赛一样，一棒一棒接着干下去。"

事业是无限的，一些泽被后世的大事，更需要几代人的艰辛付出。若干部在任期内只重眼前、不重长远，只讲待遇、不讲奉献，上项目只想"短平快"、不愿"放长线"，只贪一时之功、图一时之名，注定会劳而无功，一事无成。

"一任领导一阵风，修路造桥走马灯。"现任干部摒弃前任基础，完全另起炉灶、重复建设，不仅是对资源的巨大浪费，更会让事业止步不前。领导干部务必要清醒地认识到，所有的工作和成绩，既承接了前人的努力，也弥补着前人的不足。对前任的工作要在继承中发扬，做到源深行远。既要有干在当下、脚踏实地"摘果子"的创业激情，也要有功在后任、着眼长远"栽树苗"的胸襟气度。

筑井观天

困井观天本无奈，自封自闭实不该。

鼠目寸光无远虑，事业发展全被害。

筑井观天

当前，全面深化改革进入攻坚阶段，各级领导干部必须视野开阔，肩负起引领、指导前进的重要责任。可是，有一些干部，身居要位，却满足于现状，不仅是坐井观天，更是自己筑起井来，陶醉于巴掌大的天地内自欺欺人。习近平总书记就曾痛批这种现象，他指出，"有的故步自封、因循守旧，思想和工作落后于客观形势的要求。"

"困井观天本无奈，自封自闭实不该。鼠目寸光无远志，事业发展全被害。"历史证明，墨守成规、坐井观天的代价注定是惨痛的；死守经验、按部就班只会贻误改革发展机遇。

锐意进取才能勇立潮头。领导干部要自觉把思想认识从那些违背科学发展观要求的观念、做法和体制的束缚中解放出来，以开放包容的胸怀和敢闯敢干的劲头，不断提升自我革新、自我提高的本领。只有把守旧的心墙推倒，才能推动改革、发展和稳定的各项事业迈上新台阶，创造更精彩的世界。

"坐"风不正

运动员，裁判员，不顾规则自成方圆。

你有财，我有才，自导自演好戏连台。

"坐"风不正

新常态下，政府和市场的关系，当属改革之核心。而要保持经济持续健康发展，两者应是各就其位、各司其职。尤其在政府方面，不能既当"裁判员"，又当"运动员"。

裁判员是约束运动员按规行事的监督者，其职责就是确保竞技的公平公正。在市场经济的平台上，政府作为裁判员，其所应该做的，是为市场提供公平有序的环境，发挥宏观调控作用。若抱着计划经济思维不放，以监管名义干预，动辄大包大揽，代替企业和个人决策资源配置，无疑是越俎代庖。如此既当"裁判员"，又当"运动员"，不但会丧失公信力，也违背市场经济公平竞争的原则。

诚如习近平总书记所言，各级政府"要严格依法行政，切实履行职责，该管的事一定要管好、管到位，该放的权一定要放足、放到位，坚决克服政府职能错位、越位、缺位现象"。唯有如此，才能切实斩断政府"闲不住的手"，从根本上杜绝"运动员、裁判员，不顾规矩自成方圆"的怪象。

牵 头

牵，
挥鞭，
直往前，
你多锻炼，
有错你来填，
功劳在我君勿羡。

牵 头

有这样一些干部，他们专做纸上谈兵之事，有的说起来天花乱坠，做起来无力憔悴；有的光动嘴不动手，行动迟缓；有的说一套、做一套，活脱脱一个"言语上的巨人，行动上的矮子"。

习近平总书记在党的群众路线教育实践活动第一批总结暨第二批部署会议上强调，"知是基础、是前提，行是重点、是关键，必须以知促行、以行促知，做到知行合一"。他在北京大学也曾勉励大学生："道不可坐论，德不能空谈。于实处用力，从知行合一上下功夫，核心价值观才能内化为人们的精神追求，外化为人们的自觉行动。"

领导干部要能说会说，能号召人、鼓舞人，更要身体力行，干在实处，做到传统文化中的"知行合一"。实现党风政风的根本性好转，领导干部务必在实际工作中带头践行"三严三实"，不做表面文章，不玩花架子，真正做到以"知"促"行"、以"行"促"知"，知行合一。

不知所措

原本有路路宽阔，你指他指让人惑。

停，也是错；行，也是错。

不知所措

在作风建设开展过程中，不难发现干部队伍里存在着不少乱作为的问题。诸如瞎指挥、盲目决策、过度用权等，严重搅乱了正常的工作秩序，让一线的干部群众无奈而抱怨。正所谓："原本有路路宽阔，你指他指让人惑。停，也是错；行，也是错。"

追根溯源，主要是少数领导干部平时不注重学习、不善于积累，缺乏精准做事、善作善成的能力，有时还不懂装懂，冒充内行，导致单位内部管理一团糟、事业发展无建树，甚至出现"劣币驱逐良币"的逆淘汰现象。

习近平总书记指出："干部干部，干是当头的，既要想干愿干积极干，又要能干会干善于干。"有本领有担当，才能有作为。作为领导干部，应以时不我待的使命感，与时俱进而及时"充电"，科学合理地精准做事，提高工作能力。要始终做到心中有责，努力当好驾驭全局的"主事人"，以避免乱作为、瞎指挥而贻笑大方。

干预司法
插手案件

法　槌

批条招呼不断，办？办？？办？？？
冤假错案不休，纠！纠！！纠！！！

法　槌

领导干部以权压法，通过种种手段干预司法、插手具体案件处理，极大地损害了司法的公正性、严肃性，其影响可谓十分恶劣。

习近平总书记在中央政法工作会议上明确提出："要做到严格执法、公正司法，还要着力解决领导机关和领导干部违法违规干预问题。这是导致执法不公、司法腐败的一个顽瘴痼疾。一些党政领导干部出于个人利益，打招呼、批条子、递材料，或者以其他明示、暗示方式插手干预个案，甚至让执法司法机关做违反法定职责的事。在中国共产党领导的社会主义国家里，这是绝对不允许的！"

司法公正是实现社会公平正义的最终保障。在具体工作中，领导干部应当带头遵守宪法法律，维护司法权威，支持司法机关依法独立公正行使职权。任何领导干部都不得要求司法机关违反法定职责或法定程序处理案件，都不得要求司法机关做有碍司法公正的事情，要切实保证公正司法，提高司法公信力。

微整容

总结成绩用加法，接受任务用减法。

汇报工作用乘法，遇见问题用除法。

微整容

"三严三实"是为官从政必须遵守的行为准则。但总有一些干部，不是脚踏实地做事，而是好大喜功，急功近利。大事做不来、小事不愿做，搞调研蜻蜓点水、抓工作浮光掠影；或者只顾眼前，不顾未来，急于求成，只求过得去，不求过得硬，工作走过场，流于形式；或者虚报浮夸、编造政绩，热衷于讲形式、讲场面，搞形象工程。

改革发展到今天，是依靠全体干部群众辛勤劳动，一点一滴积累，一件事一件事干出来的。因此，我们绝不能有好大喜功的浮躁之气，应当立足实际、脚踏实地去干事创业。习近平总书记就曾说过："要了解最基层的百姓最需要什么，最期盼什么，不做图虚名的面子工程、形象工程、政绩工程；解决好'靠什么树政绩'的问题，大兴求真务实之风，按照客观规律办事、办实实在在的事；解决好'如何考核政绩'的问题，抓紧建立和完善科学的干部考核体系，使勤政为民、政绩突出的干部得到褒奖，使好大喜功、弄虚作假的干部受到惩戒。"

高山仰止

蜀道之难，难于上青天。

文山会海，堪比蜀道愁攀援。

噫吁嚱！高呼危哉。

高山仰止

中央八项规定实施以来，各级政府都在不断"正"会风，"严"会纪，促进作风的转变。但在个别地方，"陋习"依旧，"文如山，会如海，领导干部忙剪彩"的情况依然存在，而"以会议落实会议、以文件落实文件"的问题尤为突出。

文山会海的存在，导致一些干部沉溺于繁文缛节、疲于应付各种会议，耗费时间精力，难以静下心来谋大事，沉下身来抓实事；也导致某些人习惯于只是对上级的工作部署戴"帽"穿"靴"，生搬硬套，降低了行政效能，甚至还可能滋生"会议腐败"。

为此，习近平总书记专门提醒领导干部："要下个决心，坚决砍掉那些不必要的会议和文件，从'文山会海'中解脱出来，把精力投到抓落实中。"下决心就是要动真来硬，要让"高压线"真正带上"高压电"。只有把问责的板子打到位，才能变扬汤止沸为釜底抽薪，根治文山会海之"陋习"。

套 用

天下文章一大抄，拷贝粘贴有妙招。
葫芦年年依样画，画在纸上谁来瞧。

套　用

当前，有些机关工作人员习惯于省心省力，他们信奉"天下文章一大抄"的理念，有的抄上级文件，把"省"字换成"市"字，把"市"字换成"县"字；有的拿兄弟单位的文件来抄，换个名字就交差了，根本没有去结合实际，没有去用心思考。

习近平总书记在浙江工作时就曾亲自指导如何提高文字工作能力："写文章虽然有一定的模式和规律，但也不要千篇一律，老是拘泥于三段论。有时候形式一变，往往使人耳目为之一新，精神为之一振，带来意想不到的效果。求新既可以体现在谋篇布局上，也可以体现在遣词造句上，适当的引经据典，恰到好处的比喻、排比、对仗等修辞方法，都可以增加文章的形象性和感染力。"

要想从根本上扭转不良文风，就得提高工作人员的责任心。多做点调查研究，多一些求真务实精神，才能让公文不再千篇一律，才能摆脱"八股式"公文的现状。

复　制

转发，转发，皆转发，
乱哄哄你方唱罢我登场，反认他乡是故乡。
甚美貌，到头来都是穿他人旧衣裳。

复　制

习近平总书记在文艺工作座谈会上曾明确指出："在文艺创作方面，也存在着有数量缺质量、有'高原'缺'高峰'的现象，存在着抄袭模仿、千篇一律的问题，存在着机械化生产、快餐式消费的问题"，特别是在新媒体时代背景下，"复制转发"式媒体"创作"与传播更是愈演愈烈。

随着微博、微信等新媒体的兴起，诸如"某某发布""某某平台"如雨后春笋一般纷纷出现。然而量的爆发式增长并没有同步带动质的提升，结果是"拿来主义"盛行。"雷同"与"巧合"的越来越多，而原创越来越少，共鸣越来越少。

"复制转发"式"创作"的机械化生产和快餐式消费，只能造成公众的审美疲劳和注意力资源的浪费，而且因为缺乏独创性难以形成核心竞争力，生命力自然也难以为继。更重要的是，如此"借鉴模仿"会严重破坏文艺作品的创作生态。如果"创作者"都只是抄来抄去，还何谈文艺，何谈创作？

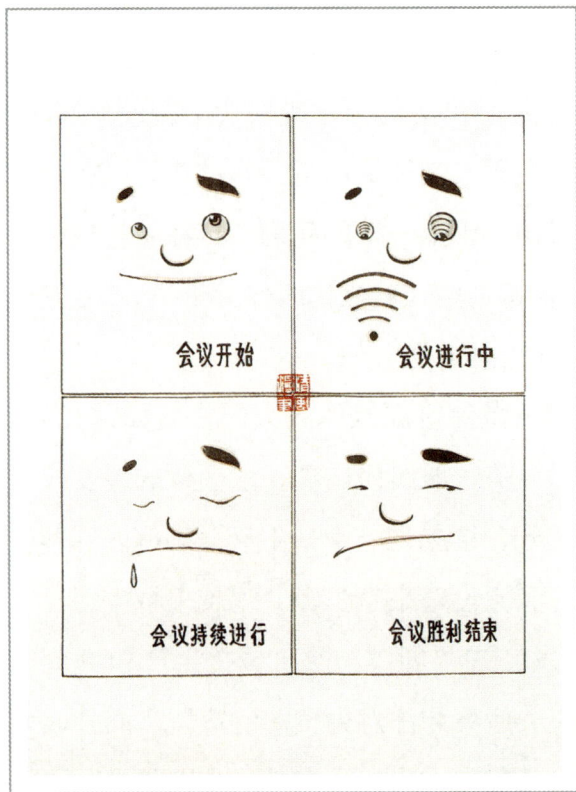

会议表情

有事没事开会，上网私聊怼怼。

强调提醒一堆，听者崩溃，不如沉沉昏睡。

会议表情

习近平总书记曾风趣地说:"有一副对联,上联是'你开会我开会大家都开会',下联是'你发文我发文大家都发文',横批是'谁来落实',这是对'文山会海'的讽刺。开会是为了了解情况、倾听意见、集思广益,发现矛盾、分析矛盾、解决矛盾;制定文件,是为开展和落实各项工作提供遵循和依据。因此,开会和发文件是必要的,也是工作的重要环节。但是会议精神和文件再好,如果不落实,仍会劳而无功。"

会风不正,无疑是头脑里的形式主义、官僚主义在作怪。有些领导,就爱开一些"应景会""跟风会""感觉会",于是就有了"认认真真走过场,实实在在说假话"的怪象,而玩手机的、聊天的、打盹的,也就成了此类会议的一大"景观"。整治不良会风,就得从领导做起、从端正思想做起,力戒空话、套话,有的放矢、言简意赅。做到以最高的效率达到最佳的效果,只有如此,才有意义。

So Easy

一点两点三四点，五六七八九十点。

不管实际啥情景，一级一级抄文件。

So Easy

习近平总书记曾批评一些机关的文风："当前，在一些党政机关文件、一些领导干部讲话、一些理论文章中，文风上存在的问题仍然很突出，主要表现为长、空、假。……空，就是空话、套话多。照抄照搬、移花接木，面孔大同小异，语言上下雷同，没有针对性，既不触及实际问题，也不回答群众关切，如同镜中之花，没味、没用。"

"不求有功，但求无过"是这类干部的一大特点。表态不咸不淡，做文不痛不痒，废话虚话一大堆，就是少了实在；有的喜好长篇大论，似乎洋洋洒洒才能体现水平，"芝麻大的核，西瓜大的壳"，殊不知听众、读者早已昏昏欲睡；还有的奉行"拿来主义"，只会照抄照搬，不善于结合实际、不愿意深入思考，如同鹦鹉学舌，上面怎么说，我就怎么说；别人怎么说，我也怎么说，落个轻松自在。

领导干部要讲真话、讲实话、讲管用的话，把话讲到问题的本质上，讲到群众的心坎儿里，这才叫水平。

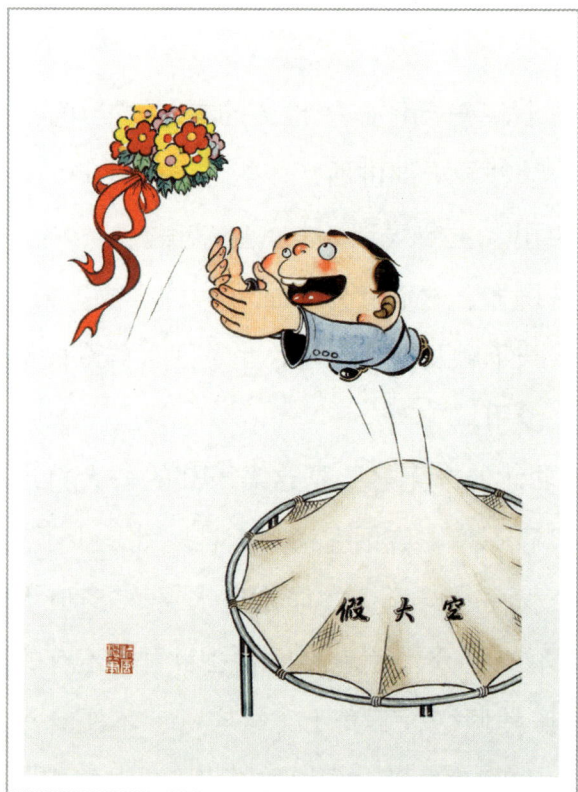

客里空

为官不念人民福，虚假忽悠弃风骨。
如此得来终归空，真抓实干是正途。

客里空

求真务实是党的优良作风，也是各项事业兴旺发展的活力所在。但是，总有一些干部，假字当头，说假话、办假事，造假数字、搞假政绩，使人民利益受损，给党和政府的形象抹黑。领导干部若不脚踏实地，而把"假大空"作为自己高升的蹦床，其结果则只能是飞得越高，摔得越重。

习近平总书记曾引用苏联影片《前线》中的一个经典人物来形容"假大空"，他说："有的抓工作不讲实效，不下功夫解决存在的矛盾和问题，难以给领导留下印象的事不做，形不成多大影响的事不做，工作汇报或年终总结看上去不漂亮的事不做，仪式一场接着一场，总结一份接着一份，评奖一个接着一个，最后都是'客里空'。"

根治"假大空"，既需要干部自觉自警，保持正确的政绩观，还要依赖于良好的政治生态，强化对干部的制度监督和社会监督，及时纠正不良作风，使其不愿、不想、不敢弄虚作假。如此，才会让"客里空"的干部越来越少，让真干实干的干部成为引领时代发展的主流。

放空炮

放的是空炮连天，都不着边。
听的是两耳起茧，心不在焉。

放空炮

"放的是空炮连天，都不着边。听的是两耳起茧，心不在焉。"这是有些干部在作报告、下基层部署工作时所出现的真实场景。

习近平总书记历来强调"实"的重要性，他曾在中央党校2009年春季学期开学典礼上专门提醒，"求真务实，关键在一个'实'字，就是要说实话、出实招、办实事、解决实际问题。领导干部要带头讲真话、敢于讲实话，不讲奉承话，少说客套话。"

领导下基层，提要求、表态度是正常的，但能不能说到点子上，既是能力问题，也是作风问题。如果习惯于耍"嘴把式"，说起来头头是道、天花乱坠，做起来缩手缩脚、一事无成，本质上就是喜欢说空话、做虚功、不实干。威信的树立，不在于讲多少话、提多少意见，而在于为群众出了多少好主意，办了多少实事好事。打官腔、说大话，是最严重的作风问题，群众也最为反感。要转变作风，就必须转变"官念"、放下官架子，眼睛向下立信于民，锲而不舍落实为先，努力创造实实在在的业绩。

又刷一层

前抄袭他人，后蒙混来者。

借创新之名目，图粉饰其虚空。

又刷一层

所谓创新，一旦脱离实际流于形式，便等同于花拳绣腿之卖弄，中看不中用，甚至闹笑话。现实中，有的领导干部或出于投机取巧，或出于赶时髦，对上级精神断章取义，对事物规律不予思辨，把创新当点缀，看似推陈出新，实则生搬硬套，画虎不成反类犬。更有的怀揣不可告人的"小九九"，借"创新"来谋名声、图私利，给党和人民的事业带来损失。

习近平总书记在《之江新语》中曾写道："古人曰：'不受虚言，不听浮术，不采华名，不兴伪事。'这也可以说是求真务实的一个基本要求。务实之人，一般都是愿听真话、敢讲真话、勇于负责、善抓落实之人。领导干部就要做这样的务实之人。"也就是说，创新，必须要有务实的前提，针对具体情况或问题，以最大限度挖掘和释放政策效能，而不是为了创新而创新。否则，便成了"前抄袭他人，后蒙混来者。借创新之名目，图粉饰其虚空"。

典　型

一心揽功不惭愧，十分功绩全我为。

还靠有人不长眼，任我忽悠任我吹。

典　型

　　培树典型是弘扬社会主义核心价值观、传递正能量最有效的方式之一。典型又可以说是看得见的哲理、行走的旗帜，引人向善向上的榜样。但若典型抓不好，也会引路不成适得其反，让人误入歧途，正如习近平总书记说的，"用拔苗助长的方式栽培典型，用'开小灶'、'吃偏饭'的方式催生典型，结果不仅不能以点带面，而且助长虚浮之风。"

　　现实中有些所谓的"典型"及"典型"的制造者们，极尽荒唐，专搞偷梁换柱的勾当。其所作所为恰如让公鸡取代母鸡领奖章一般，而且还要作"下蛋经验"的报告。他们自我吹捧，一心揽功不惭愧，让人在哑然失笑之余，不禁冒汗。当一个人的辛勤汗水付诸东流，而眼见他人毫无愧色取而代之剽取荣誉时，其失望或愤慨之情是可想而知的。甚至失望或愤慨的对象非仅仅止于个人，更有可能会转向那些对"抓典型"认识扭曲、价值取向跑偏的单位或部门，如若不是他们"不长眼"，也不至于闹出如此滑天下之大稽的闹剧。

　　倘若风气不能好转，最实干如母鸡者终究也会心灰意冷。而那些所谓的"典型"，蛋都不是自己下的，最动听的下蛋经又有何用？

分 "贡"

工作给你，好好锻炼。
宝贝归己，天经地义。

分 "贡"

对于贪功者，习近平总书记有过一番描述，"为人圆滑世故，处事精明透顶，工作拈轻怕重，岗位挑肥拣瘦，遇事明哲保身，有功劳抢得快，出了问题上推下卸。"

行政工作中，难免有"显绩"与"潜绩"之分。但总有那么一种人，容易出成绩的，便争着抢着去夺过来，不容易出成绩的，便躲之避之推出去。更有甚者，则是工作不积极，霸占功劳却是一把好手，正可谓："工作给你，好好锻炼。宝贝归己，天经地义。"

古人云："窃人之财，犹谓之盗，况贪天之功以为己力乎?"由是观之，贪功者比"窃财之盗"更为人所不齿。领导干部不求一己之名，是因为真正的功名要通过为民众办实事、解难事、做好事来体现。因此，作为领导干部，必须摆正位置，明白沽名钓誉一旦露馅的后果。而负责奖惩的领导，不能被贪功争宠者的嘴脸蒙蔽双眼，要多下去走走，听听一线干部讲实情、道苦衷，唯有如此，才能让干部不图虚名。

茧 缚

东头忙到西头，不知由。
无奈胡乱折腾忙应酬。
剪不断，理还乱，总难休。
别有一番苦楚难出口。

茧　缚

　　"如果成天忙于应酬，穿梭于发布会、表彰会等这样那样的会议，热衷于开幕式、开业式、竣工典礼等这样那样的活动，乃至白天黑夜都陪吃陪喝陪逛陪玩，常常是醉醺醺、昏沉沉、轻飘飘的，哪有时间深入基层、深入群众呢？哪有时间学习充电、领会政策呢？哪有时间思考问题、研究工作呢？对领导干部来说，除了工作需要以外，少出去应酬，多回家吃饭。"习近平总书记的一席话，点破了当前某些领导干部的窘态。

　　领导忙于应酬，与权力、体制有一定关系，但在当前加强权力约束、规范公务接待的制度环境下，领导干部应当自觉减少不必要的应酬，从各种无意义的应酬中摆脱出来，把精力放在勤政为民上，多去走基层、访民情，而不是沉湎于诸如酒会、典礼、接待及各种空头会议中，只有这样才能在社会上树立勤政务实的文明新风，才能不辜负组织和家人的期望。

收放自如

放一分，民受益何止一寻。
收一分，我之责自重千钧。

收放自如

深入推进简政放权，是进一步转变政府职能，激发市场活力的关键举措。简单地说，就是政府提供优质服务，不该管的别管，该管的别躲，诚心为群众办好事，让群众好办事。正如习近平总书记所言，权力既要放也要接，"自由落体"不行，该管的事没人管了不行！

面对权力的下放，也有人冷眼旁观、静观其变，奉行"不反对不支持不执行"的"三不"政策；有的放而不管，放下去了，就事不关己、万事大吉；有的玩起太极，"权力"接过来，"责任"推出去，任由其掉在地上，不理不睬。因此，简政放权务必要防止"放而不管"而带来的懒政怠政，同时也要考虑下面的承接能力，能接才能放，避免出现权力责任的监管真空。至于"简"到什么程度，"放"到什么程度，群众满意才是唯一的标准。要明白"放一分，民受益何止一寻；收一分，我之责自重千金"。唯有如此，才能让老百姓切身感受到简政放权的好处，让群众有更多获得感。

生活纪律

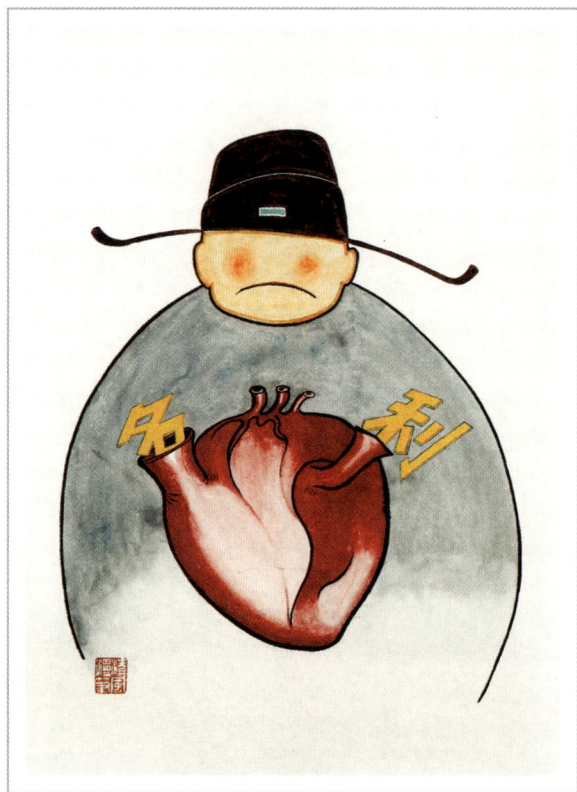

"官"心病

朝思贪欲晚思功，名利堵胸自难通。
心塞力衰身不顾，终成长恨终成空。

"官"心病

"正确对待名利"，这是习近平总书记对各级干部的谆谆告诫。领导干部身处社会转型期，面对纷繁扰攘，不为名所缚、不为物所累，清清白白为官、踏踏实实干事，必将以人格魅力和境界修为赢得百姓尊重和信赖。

"人过留名，雁过留声"，名利之心人皆有之，原本无可厚非，关键是如何对待名利。对于普通人来说，名利心重些，无非世俗市侩一些。但对领导干部而言，沉溺于追名逐利，醉心于沽名钓誉，如果一心只想着"名"与"利"，就容易堵住血管，得上"官"心病。习近平总书记曾在党的群众路线教育实践活动工作会议上指出："在享乐主义方面，主要是精神懈怠、不思进取，追名逐利、贪图享受，讲究排场、玩风盛行。"

如何对待名利？陈云同志书写"个人名利淡如水，党的事业重如山"的条幅以自警，粟裕"二让司令一让元帅"，杨善洲一辈子追求"共产党员"这个光辉之"名"、"实现人民利益"这个崇高之"利"……他们的事迹至今传为佳话，正是他们生动彰显了优秀共产党人的名利观。"视个人名利如粪土""计利当计天下利，求名应求万世名"，各级干部应当也必须具有这样的胸襟与情怀。

本性难移

居庙堂之高，则逐其名。
处囹圄之围，仍忧其享。

本性难移

古语有云，"奢靡之始，危亡之渐"，奢靡之风可谓党之大害、国之大害、民之大害。习近平总书记在党的群众路线教育实践活动工作会议上就曾点明："有的热衷于个人享受，住房不厌其大其多，车子不厌其豪华，菜肴不厌其精美，穿戴讲究名牌，对超出规定的生活待遇安之若素，还总嫌不够。"

奢靡享乐者，习惯讲排场、比阔气，把个人利益放在高于一切的位置，事情多做一点觉得吃亏，待遇稍差一点满腹牢骚。奢靡享乐，显然与我们党全心全意为人民服务的宗旨相背离，它会败坏社会风气，造成社会财富和资源的巨大浪费，损害党的肌体健康和良好形象，损害党与人民群众的血肉联系。奢靡享乐的兴起，究其根源在于有的干部失去了理想信念庇护，如此，腐败的思想才会乘虚而入。因此，我们一方面要加强理想信念教育，重新点燃其干事创业的激情；另一方面也要加大巡视监督力度，坚决铲除滋生腐败的温床。

吃出来的腐败

无官何患？无钱何惮？休教无德人轻慢！

——（元）张养浩：《中吕·山坡羊·述怀》

吃出来的腐败

近年来，一些干部在工作中养成了随便请吃的习惯，以为吃吃喝喝是小事，无足轻重。但天下没有免费的午餐。贪廉一念之间，荣辱一瞬之变。一次"随茶便饭"的吃请，看起来微不足道，却是滋生腐败的"温床"，足以让领导干部作茧自缚，自食"舌尖上的腐败"的恶果。毕竟吃人家的嘴软，拿人家的手短，几顿饭、几杯酒，温水煮青蛙，不知不觉，失足成恨。

领导干部作为权力的行使者，对"不花钱"的宴请要时刻保持警惕，要把好度、划清界限。诚如习近平总书记所言，"千万不要以为吃一点、拿一些、玩一下没关系。千万不要存有侥幸心理，若要人不知，除非己莫为。不管是谁，违纪违法终将受到党纪国法的制裁。"

"无官何患？无钱何惮？休教无德人轻慢！"要警惕"请吃"背后的猫腻。防微杜渐，不给因利益交换而起的"随茶便饭"以丝毫空间，是每一位领导干部应该做到的。严防"酒杯端起来、原则放下去"的问题出现，坚决抵制住因利益交换而起的"糖衣炮弹"的诱惑。

火 锅

权当汤，利当料，吃在嘴里好味道。

你一筷，我一勺，又吃又喝民不饶。

火　锅

一些领导干部不能正确对待和使用权力，或认为权力是上级给的，想问题、办事情不怕群众不满意，只怕领导不注意，逢迎拍马、唯上是从；或认为权力来自个人的努力和奋斗，把"有权不用、过期作废"奉为信条，滥用权力甚至以权谋私。在这些人眼里，权力几乎成为一个"火锅"，在这个"火锅"里，他们能捞出金钱、美女，享尽美味。

习近平总书记就曾指出："有的欺压群众、漠视民生，甚至以权谋私、弄权贪腐，巧立名目敛财牟利。"权力是属于人民的，是人民赋予的；所有权力，只能用来为人民谋利益，而绝不允许搞任何形式的以权谋私。

领导干部一定要端正权力观，始终审慎用权。在"小事"上不能保持廉洁操守，在"大事"上就会出娄子。要时刻提醒自己，管住自己的欲望，严格约束个人行为，管好家人和身边人，不让权力寻租有可乘之机；要自觉接受监督，把群众监督作为自身成长不可或缺的阳光，自觉置身于群众的监督之下，用好手中的权力。

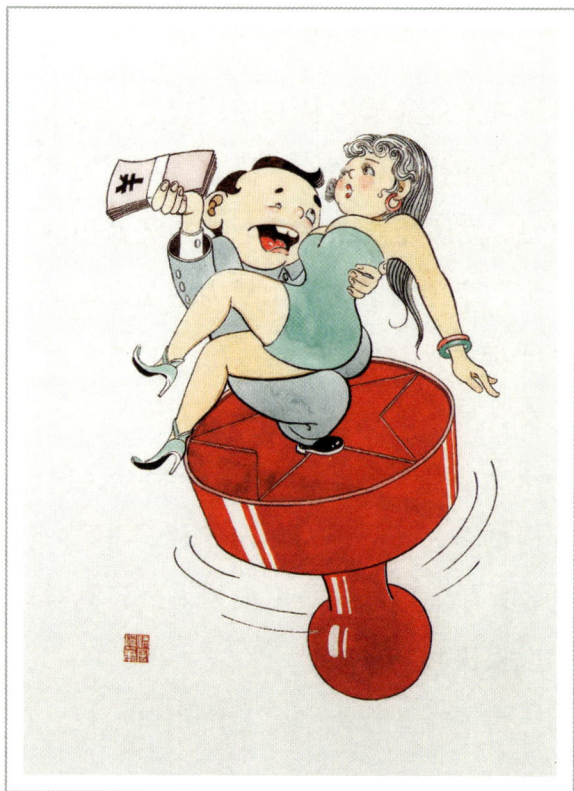

岌岌可危

为官当自警，临渊又履冰。
权应为民谋，怎可放任行。

岌岌可危

大数据显示，官员违法违纪，大多从道德败坏肇始。习近平总书记曾严厉指出："有的作风不检点，甚至道德败坏、生活放荡，不以为耻、反以为荣。"某些官员私德不淑、政德有亏，毫无节操、乱搞男女关系，不仅违反党规党纪，更影响执政党的公信力。

不难想象，很多官员之所以堕落，主要是道德上放松了自我约束，没有保持好自身的定力，经不起现实的考验，抵制不住各种诱惑，在行为上自我放纵，才在腐败的道路上越走越远。

党风政风影响社风民风。领导干部务必把加强道德修养作为十分重要的人生必修课，切忌贪图享乐而自毁前程。对于社会上一些道德滑坡事件、一些不良风气的蔓延，领导干部应当在道德方面起到正面引领作用，加强政德涵养，以道德的力量去赢得人心、赢得事业成就，做一名合格的人民公仆。

改头换面

作风建设风声紧，巧避风头隐一隐。
心痒难忍哪里去？换个园子散散心。

改头换面

针对某些官员的无限度享乐，习近平总书记曾说："有的兜里揣着价值不菲的会员卡、消费卡，在高档会馆里乐不思蜀，在高级运动场所流连忘返，在名山秀水间朝歌夜弦，在异国风情中醉生梦死，有的甚至到境外赌博场所挥金如土啊！"

正所谓"上有政策，下有对策"。眼前，在驰而不息地围纠"四风"之时，仍有个别领导干部心存侥幸，顶风违纪。他们曲径变道，闪入一些食堂、山沟，继续参与吃请活动，搞一些"隐秘聚会"，由"明吃"转为"暗吃"，由"吃公"转为"吃私"。这些聚会，当属"醉翁之意不在酒"，无非是以聚会为幌子，在推杯换盏中增进与权钱相关的感情联络。

领导干部一旦习惯于吃喝玩乐、声色犬马，无论是"主观故意"，还是"被动而为"，都会破坏正常的关系，违背应有的处事原则，为不正之风转入地下提供空间和土壤。因此，有必要重申：党员干部不得到私人会所活动，不得接受和持有私人会所会员卡，不得出入私人会所吃喝玩乐，这不仅是常规，更是法纪。

挑　选

我有七八妾，足以慰风尘。
侍陪最无情，又要伤佳人。

挑　选

领导干部的生活作风，关系到党在群众中的威信。"如果领导干部生活作风上不检点、不正派，在道德情操上打开了缺口，出现了滑坡，那就很难做到清正廉洁，很难对社会风气起到正面引导和促进作用。"习近平总书记在《之江新语》一书中如是说。

腐败变质的领导干部，大多都是从生活作风不检点、情趣低下、作风轻浮、操守不正、品行不端、生活奢靡、道德滑坡开始的。生活作风一旦出现问题，权力就会迅速异化为获得金钱、美色的工具，从而跌入权钱交易、权色交易的深渊。

一个官员，倘若出现"我有七八妾，足以慰风尘"之家丑，无疑是道德品质出现了变异。因此，作为领导干部，务必注重"私德"的陶冶，注重培养健康的生活情趣，正确选择个人爱好，慎重对待朋友交往，明辨是非、克己慎行，讲操守、重品行，时刻检点自己生活的方方面面，始终保持共产党人的政治本色。

无"机"可乘

世界那么大，我要去看看。

任你再任性，不能动公款。

无"机"可乘

习近平总书记对公款消费有一个生动而深刻的比喻："一到节假日甚至不是节假日，有些人就到处跑，还带着一大家子，吃好的，住好的，玩好的，大江南北，长城内外，哪儿好就往哪儿去。不少是公款消费，财政成了他们家的钱包，财政局长成了他们家的管账先生。"

公款消费，说到底是作风问题，所折射出的恰恰是官员的一种不良心态。杜绝公款消费，就要从制度上严加约束，以制度来锁死滑动的公款之轮，让那些假公济私的念头，从此打消。而作为领导干部，廉洁恰如生命，不可被一时一地的小利益所迷惑。"讲究享受、追求奢华"，不仅会消弭我们的斗志，涣散我们的精神，还会冲垮我们的拒腐防线。廉洁自律，要从小处着眼，抓好细节的防范，不要让"千里之堤溃于蚁穴"，不要以为自己花公家的钱是为公家办事而问题不大。如果稍微放松或稍不注意，就很容易造成公权私用，引火烧身。待到那时，悔之晚矣！

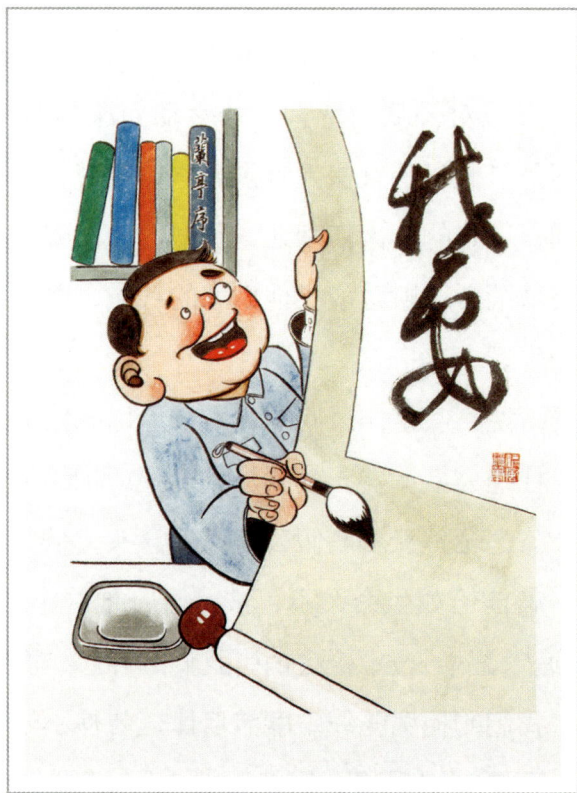

意　临

一横一竖易学，一撇一捺难写。

"鹅"字临书圣，德字要自研。

意　临

所谓"雅贿"，即官员收取诸如名人字画、古玩高档工艺品之类的实物，或身披某个文化艺术领域之荣誉，打名家、大师招牌，于是水到渠成，顺理成章……总而言之，名雅实俗，钱字做东。有的领导字写得不怎么样，却热衷于到处题词，"名正言顺"地接受"雅贿"。其实，在他们的笔下，想临摹王羲之写个"鹅"字，写得再雅，也藏不住一个"贪"念。

习近平总书记一直强调，"用权讲官德，交往有原则"。不管是何种形式的以权谋私，都是"既对不起组织，对不起人民，也对不起家人"。领导干部有雅好，并无不妥，但要防止因爱好而落入"雅贿陷阱"，违背了做人的良心。

一横一竖易学，一撇一捺难写。作为领导干部，要管好自己的爱好。如果丧失官德，收受或者索取"雅贿"，就会走上"不雅"之途。同时，相关部门要加大文艺圈的反腐力度，扯下各种形式的"雅贿"幌子，还文化艺术界一片净土。

自产自销

吟诗缀文附风雅，泼墨挥毫装文化。
愿买愿卖价不菲，民脂民膏任我刮。

自产自销

"贪似火，无制则燎原；欲如水，不遏必滔天。"涉足文化圈、伸手艺术品、身染"文艺范儿"，"官雅圈"暗藏腐败潜规则，不容小觑。一幅字画，当时看，似乎很平常，人之常情；过后看，绝非那么简单。试想一下，没有利益输送，商人凭什么花重金去购买？商人以追求利益至上，买官员的字画，看中的是官员手中权力。

在现行的行政体制下，有些官员善于"动脑筋"，将所谓的个人"雅好"异化成为"雅腐""雅贿"，甚至有些官员借各种"嗜好""雅好"大肆索贿、疯狂敛财。

贪廉一念间，荣辱两世界。习近平总书记一再告诫："'官''商'交往要有道，相敬如宾，而不要勾肩搭背、不分彼此，要划出公私分明的界限。"作为一名领导干部，既然选择了从政，就选择了全心全意为人民服务，就要搞清楚"我是谁、为了谁、依靠谁"的重大政治问题，始终不渝地坚守从政底线、道德防线和法纪红线，情系人民不忘本、勤政为民不懈怠、清廉为民不犯规，洁身自好、志存高远。"雅贿"也是贿赂，虽然披上了"雅"的马甲，但突破了法纪红线，终究要"搬起石头砸自己的脚"，须警钟长鸣。

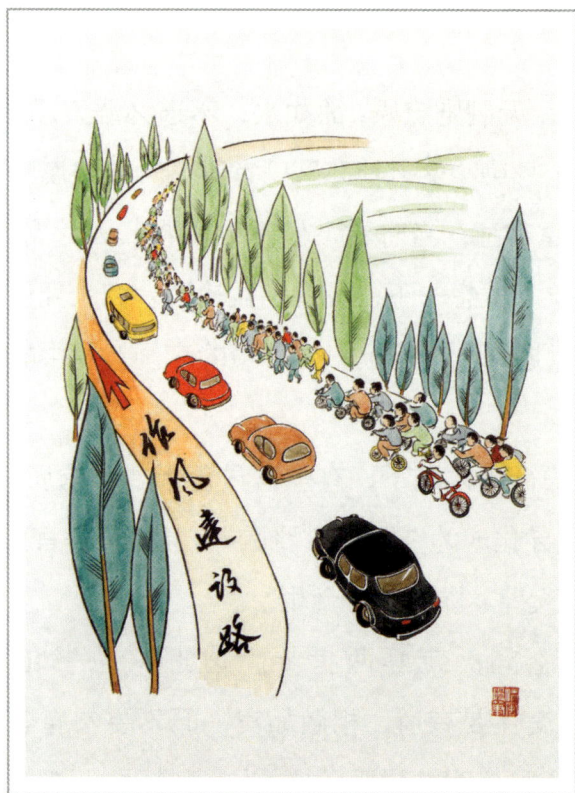

在路上

作风建设永远在路上！

在路上

"四风"问题积习甚深，纠风之难，难在防止反弹。习近平总书记一针见血地指出作风建设的症结，强调形成优良作风不可能一劳永逸，克服不良作风也不可能一蹴而就，作风建设永远在路上。

党的作风就是党的形象，关系人心向背，关系党的生死存亡，作风建设只有进行时，没有完成时，没有休止符。抓作风建设必须自觉向党中央看齐，把以上率下作为一个基本方法，深入落实中央"八项规定"精神、坚持不懈纠正"四风"。

领导干部要认清形势，坚定信心，要以持之以恒的态度，高举作风建设大旗，一鼓作气，乘胜追击。要坚持从加强思想教育、增强"四个自信"、增强党性修养入手，加强作风建设，"返璞归真、固本培元"，不断总结已有经验、吸取已有教训、巩固已有成绩，不断进取，以不变的精神和意志推进作风建设，绝不能虎头蛇尾，半途而废。唯有如此，才能不断加强党的作风建设，扎实推进全面从严治党。

后　记

　　文艺诞生于社会，也是服务于社会的。党的十八大以来，认真学习和贯彻习近平总书记系列重要讲话，已成为广大党员干部的必修课。而通过群众喜闻乐见的文艺形式，将习近平总书记系列重要讲话进行生动形象的解读，领会其中的丰富内涵和重要意义，从而转化为干事创业的行动实践，已在社会各界凝聚成共识。我也因此时常写些廉政杂文发表于各类报刊，不仅反响不错，而且还触动我打开了另一扇创作之门。

　　这个触动，应归功于某位学友。他在读了我的一组杂文后建议：依你的职务功能与责任，还可以借此发挥一下自己所擅长的书画技艺，或许，更能达到寓教于乐的效果。那一刻，我心动了。是啊，因为职务的关系，我熟知政策法理与当前的政治生态，也一直身体力行地走在本系统组织宣传、学习和贯彻党风廉政建设的第一线，倘若以漫画为载体，结合习近平总书记系列重要讲话精神，着眼于现实，将现实中那些败坏政治风气的丑陋现象给照照镜子，让广大党员干部通过一枚枚廉镜，自我对照，自我约束，何乐而不为？

作为一名交流在外地工作的干部，我几乎放弃了所有的休息时间，潜心投入到漫画创作中。为了深刻领会习近平总书记系列重要讲话的内容以利创作，我结合当前时政和社会热点，对每一幅漫画都进行了反复修改并完善，力求简化画面，突出效果。在此过程中，我还请教了各个领域的诸多知名人士，让他们对漫画的思想内涵、创意特点进行评点和指导，并在日常生活中寻找灵感，从人民群众的需求热点出发，搜集了社会老人、农民工兄弟、中小学生等社会各阶层人员对漫画最直接的感受和建议。

俗话说，天道酬勤。经过无数个不眠之夜，无数次推倒重来，有些作品甚至修改了几十遍，才达到满意的效果。而伴随漫画一幅幅的脱稿，我也渐入佳境。这些作品推出后，《光明日报》第一时间为此作了专栏，即刻得到了读者的认可。2016 年 9 月，由中共宁波市纪委、市委组织部、市直属机关党工委联合主办"清风漫笔——习近平总书记党风廉政建设重要论述漫画展"在宁波美术馆展出。浙江省委副书记、宁波市委书记唐一军带领四套班子全体成员参观学习，数百家单位部门、3 万多人次参观展览。浙江省委形成专报上报北京，得到了相关领导的指示、肯定，《人民日报》、《光明日报》、新华社、《中国纪检监察报》、共产党员网和官方相关网站等主流媒体专题进行了报道。期间，宁波市委还将其中 68 幅作品编印成口袋书，作为"两学一做"学习教育的重要成果，发放各基层党组织，以达到以画促学、以画促思、以画促行的目的。同时，在干部学习网、甬派 APP 学习园地上架，作为党员的重要学习资料，组织开展了学习研讨、共享心得等一系列活动。这一轮"两学一做"学习教育达到高潮，反响热烈，这让我深受鼓舞。当年 12 月，受宁波日报社邀请，围绕学习贯彻党的十八届六中全会精神，我又专门创作了 30 幅作品，以连版彩印的醒目幅面刊出，引起了社会极大的反响。

回想三年多来的业余创作，可谓一路荆棘、一路坎坷。遇到过各式各样的困难，身体在工作与创作的双重压力下不断透支，有人支持，也有人不理解；有人旁观，也有人阻挠。我坚信，只要坚定对党的忠诚、对责任的担当、对事业的热爱，无论做什么工作，都是有益的、有效的，有所作为的。坚守着这份责任和信念，虽然不得不放弃很多、失去很多，但能把多年的艺术修养发挥出来，能在有生之年，为党、为人民、为社会留一份心、出一份力，此心足矣。

在本书付梓之际，我还要感谢很多人。宁波海事局不少同仁积极参与，帮忙梳理资料、提供便利。还有社会各界知名人士、专家、学者及好友，他们无私耐心地给予我指点和帮助，如：何新、朱根华、朱铁志、陈学明、胡伟、赵峥嵘、颜世贵、阮直、李烈钧、赵相如、俞剑明、杨立平、叶立源、郑凡奇、周青燕、杨长旭、朱国良、吕禅、权淼、林宇、董联军等，使我的漫画作品更上了一个新台阶并最终结集出版。还有我最亲密的家人，倘若没有家人的理解和支持，最成功的事业也会平添一种遗憾。在此一并致以衷心的感谢！

　　由于能力、精力所限，本书难免存在理解不够全面、表现不够到位等问题，在此也敬请广大读者批评指正。

赵青云

2017 年 6 月 22 日

统　　筹：崔继新

责任编辑：孔　欢　曹　歌　刘江波

责任校对：吴海平

版式设计：严淑芬

封面设计：林芝玉　吴燕妮

图书在版编目（CIP）数据

廉镜漫笔 / 赵青云 著 . — 北京：人民出版社，2017.8（2019.9 重印）

ISBN 978 - 7 - 01 - 017993 - 3

I.①廉…　II.①赵…　III.①中国共产党 - 党风建设 - 通俗读物
　IV.① D261.3-49

中国版本图书馆 CIP 数据核字（2017）第 179059 号

廉镜漫笔
LIANJING MANBI

赵青云 著

人民出版社 出版发行
（100706　北京市东城区隆福寺街 99 号）

北京新华印刷有限公司印刷　新华书店经销

2017 年 8 月第 1 版　2019 年 9 月北京第 3 次印刷
开本：710 毫米 × 1000 毫米 1/16　印张：18
字数：154 千字　印数：8,001-11,000 册

ISBN 978 - 7 - 01 - 017993 - 3　定价：60.00 元

邮购地址 100706　北京市东城区隆福寺街 99 号
人民东方图书销售中心　电话：（010）65250042　65289539